古典文獻研究輯刊

十六編

潘美月・杜潔祥 主編

第30冊

明清域外喪禮漢籍經眼錄

彭衛民 著

國家圖書館出版品預行編目資料

明清域外喪禮漢籍經眼錄／彭衛民　著 — 初版 — 新北市：花
木蘭文化出版社，2013〔民 102〕
序 8+ 目 4+246 面；19×26 公分
（古典文獻研究輯刊 十六編；第 30 冊）
ISBN：978-986-322-181-4（精裝）
1. 喪禮　2. 明代　3. 清代
011.08　　　　　　　　　　　　　　　　　　　　102002366

ISBN-978-986-322-181-4

9 789863 221814

古典文獻研究輯刊
十六編　第三十冊　　　　　ISBN：978-986-322-181-4

明清域外喪禮漢籍經眼錄

作　　者　彭衛民
主　　編　潘美月　杜潔祥
總 編 輯　杜潔祥
企劃出版　北京大學文化資源研究中心
出　　版　花木蘭文化出版社
發 行 所　花木蘭文化出版社
發 行 人　高小娟
聯絡地址　235 新北市中和區中安街七二號十三樓
　　　　　電話：02-2923-1455／傳眞：02-2923-1452
網　　址　http://www.huamulan.tw 信箱 sut81518@gmail.com
印　　刷　普羅文化出版廣告事業
初　　版　2013 年 3 月
定　　價　十六編 30 冊（精裝）新台幣 50,000 元　　　版權所有·請勿翻印

明清域外喪禮漢籍經眼錄

彭衛民　著

作者簡介

彭衛民，中國大陸西南政法大學政治學所研究人員，在《史學彙刊》、《學術界》、《中國社會科學文摘》、人大複印資料《明清史》、《探索》、《中國圖書評論》、《中國社會科學報》、《社會科學報》等刊物發表論文三十餘篇，主持或參與國家社科基金項目、教育部人文社會科學研究項目、西南政法大學重點項目十餘項，先後獲得第七屆中國青少年科技創新獎、重慶市科技學術標兵、重慶市第二屆學術年成果二等獎等獎勵。著有《〈喪禮撮要〉箋釋》、《于心有安：昭穆、譜牒與宗法》等書。

提　　要

　　本研究藉助台北國家圖書館、國立台灣大學、韓國成均館大學、韓國國立中央圖書館及日本早稻田大學所藏之明清俗禮，互勘版本，遍檢群書，考鏡源流，去粗取要，以成《明清域外喪禮漢籍經眼錄》。是書系統收錄明清以來朝鮮與日本學者所著喪禮凡九十三種，共列舉明代朝鮮學者所著喪禮二十八種，清代域外喪禮六十五種，其中朝鮮學者所著喪禮五十七種，日本學者所著喪禮八種。此外并收錄明清罕見喪禮著述版本三種（《家禮集說》、《家祭禮儀》、《喪禮撮要》），另收錄《家禮》、《書儀》域外刊本四種。所用之版本，均為《韓國禮學叢書》及台北國立中央圖書館、北京國家圖書館域外漢學《善本書志》公認之善、珍本，其中部份為極為少見之手鈔本。全書目次之排序，首以著者生活之年代為先後，次不可考其生卒年者；首以朝鮮學者，次以日本學者；首以域外學者，次以中國學者。每種文獻，皆附書影，若有兩種以上版本，則相應附兩種以上書影，書影下皆有文字說明。每種文獻皆首先介紹其卷冊、版框、版心、行款、序跋、刊年、印藏等情況，次介紹其收錄喪禮條目情況，次介紹該種文獻之成書情況、學術地位、社會影響及所承載之喪禮思想，次介紹作者生平。又，未成喪禮專書然被《韓國歷代文集叢書》關於喪禮之零星論述者，也一併附錄，並作扼要說明。

本研究爲「2011 年度中央財政支持地方高校重點學科基礎條件建設項目」成果

序　言

　　冠、昏、喪、祭乃家禮四目，而四禮中「唯送死以當大事」，故四目中又以喪、祭爲重。自《家禮》、《書儀》、《四禮初稿》以後，明清之際經學蔚爲大盛，學者釋禮成風，而喪禮著述更是異軍突起。此一時期，如馮善《家禮集說》、張彙《家祭禮儀》、毛先舒《喪禮雜說》、毛奇齡《喪禮吾說》、王復禮《家禮辨定》、許三禮《讀禮偶見》、王心敬《四禮寧儉》、林伯桐《士人家禮考》、《品官家禮考》、張大翎《時俗喪祭便覽》、趙執信《禮俗權衡》等，禮學家們俱以所見，各記舊聞，至於各宗族譜所載喪禮條式，則更不盡枚舉。

　　儘管禮俗之學在明清中國駸駸始盛，而在此一時期的朝鮮學者看來，「中原儒家一無表章者，故更無論議解釋之書，惟我儒賢，遵奉有過《三禮》，著述不已。」李氏朝鮮王室的喪葬祭祀均以家禮爲本，且《家禮》亦爲官方考銓士子之冊，故朝鮮大儒鄭逑（1543～1620）便發出「家無不有，人無不講」的感慨。此一時期朝鮮儒學家們一本司馬溫公、朱子之說，對家禮研究多有發明，並形成「疑禮」、「問答」之良好學術風氣。觀朝鮮學者李景圭（1788～？）所著之《家禮辯證說》即可窺家禮興盛之一斑：

> 我東則儒賢之學，或以性理爲主而專事者，或以禮說爲務者。而經學則又不如禮學之篤，故禮書最多。如高麗毅宗命崔允儀等著《古今詳定禮儀》五十卷；高麗柳陞撰《新儀》；入於國朝，英廟命集賢殿儒臣撰《國朝五禮儀》、《五禮儀抄》、《續五禮儀》；李晦齋《奉先雜儀》；趙振《退溪先生喪禮問答》；鄭逑《五先生禮說》；金誠一《喪禮考證》、《奉先諸儀》；柳成龍《喪禮考證》；李恒福《四禮訓蒙》、《禮學纂要》；亡名氏《冠婚喪祭儀》；柳成龍《慎終錄》；金沙溪先

生《疑禮問解》、《喪禮備要》〈本申義慶撰〉；安潞《喪祭禮》；南屈父《喪祭圖式》；鄭述《五服沿革圖》；朴枝華《四禮樂說》；張顯光《喪禮手錄》；金慎獨齋集《續疑禮問解》；英宗命諸臣撰《喪禮補編》；李陶菴《四禮便覽》；朴聖源《禮說類輯》；朴南溪《南溪禮說》；正宗命諸臣所纂《禮疑類輯》；吳載能《續禮疑類輯》；此外禮說所漏，未嘗知詳有幾家，隨得隨錄，以便考閱，兼作證辨也。

「未嘗知詳有幾家」，確乃李氏朝鮮禮學昌熾之生動描述。筆者研究發現，實際上李景圭的列舉，不過明清時期域外家禮研究之十一，除此以外又如《家禮疏義》、《喪祭輯笏》、《四禮汰記》、《家禮釋疑》、《四禮補遺》、《四禮祝式》、《禮家要覽》、《喪祭要錄》等書，因其珍稀更是難得一見。趙鬥淳（1796～1870）在跋義原先生李㦲（生卒年不詳）的《四禮纂說》時亦描述了朝鮮學者一本朱子之說而自成門派的盛況：

　　自夫三禮，以至唐宋來，群儒賢條辨，博綜研覆，作爲是書。其門目部分，悉遵《文公家禮》。由《家禮》以前則爲本，以後則爲支。汎於我東，一以李文成、金文元之說，沿匯而會通之，粹然一出於正，堂宇繩尺之嚴，殆挽近所罕有。可行而必可傳也爲無疑，不亦爲士林厚幸也歟？

尹喆普（生卒年不詳）在自述其先祖屏溪先生尹鳳九（1681～1767）之禮學思想時，也一併道出了朝鮮對中土禮學傳承的一脈性：

　　嗚呼！禮豈易言哉？惟周公可以制之，惟孔子可以定之，而三代之禮，至周備矣！逮於宋而紫陽朱子出，取溫公所著《家禮》而定之，以行之於世而傳之後，至於我東則栗谷李先生著《擊蒙要訓》、沙溪金先生證定《喪禮備要》、輯《疑禮問解》，其規模條例悉遵乎朱子之旨矣。

然而讓人扼腕的是，這些研究成果並不能得到當時中國本土學者重視，朝鮮學者丁若鏞（1762～1836）在其《喪禮四箋》中就發出不能爲中國學者知悉的感慨：「藏之巾衍，以俟後世。其或有施之邦國，公之域外，以闡古聖人之精義者，余雖阨窮乎，庶亦無悶焉。」而於日本、越南等域外學者所著之喪禮漢籍來說，更是知之甚少。即便於今日資訊之發達，自大陸與臺灣關注東亞儒學研究、引進域外漢籍經典以來，對日韓喪禮的關注程度仍舊薄弱。人或問之，朝鮮雖禮經興盛，皆承紫陽而宗之，本旨不敢移，發明者不多，「無

如徐崑山乾學有《讀禮通考》、萬斯同有《五禮通考》，匯古今以禮爲名者，及於外夷，洋洋大觀也。」此種觀點，雖不失爲中國學者不熱衷於搜檢此種漢籍的一個理由。然細究之，則不盡然。筆者借助《韓國禮學叢書》與韓國國立中央圖書館藏書閣及韓國學中央研究院藏書閣之典藏，完成文獻整理《明清域外喪禮漢籍經眼錄》。通過系統考證，認爲朝鮮喪禮漢籍符合齊全完整、稀有珍異、富有學理等特點，在域外漢學研究中應有其特有地位。

《韓國禮學叢書》（以下簡稱《叢書》）由 2008 年與 2011 年韓國慶星大學（Kyungsung University）韓國學研究所先後編輯、釜山民族文化出版社陸續出版。《叢書》分前後兩編（含後編補遺），共 136 冊，收錄冠、昏、喪、祭著作凡 176 種。其中前編在 2008 年出版，共計 60 卷，收錄 18 世紀以前朝鮮學者所著家禮凡 48 種：

> 《奉先雜儀》、《退溪先生喪祭禮問答》、《喪禮考證》、《童子禮》、《五服沿革圖》、《寒岡先生四禮問答彙類》、《五先生禮說分類》、《家禮考證》、《喪禮備要》、《家禮輯覽》、《家禮輯覽圖說》、《疑禮問解》、《疑禮問解拾遺》、《家禮諺解》、《四禮訓蒙》、《家禮附贅》、《讀禮隨鈔》、《疑禮問解續》、《古今喪禮異同議》、《經禮類纂》、《二先生禮說》、《家禮源流》、《明齋先生疑禮問答》、《六禮疑輯》、《南溪先生禮說》、《禮儀補疑》、《家禮集說》、《家禮輯解》、《家禮便考》、《家禮或問》、《家禮附錄》、《改葬備要》、《疑禮通考》、《禮書箚記》、《四禮便覽》、《星湖先生家禮疾書》、《星湖禮式》、《疑禮類說》、《儀禮經傳通解補》、《疑禮類輯》、《決訟場補》、《安陵世典》、《五服名義》、《家禮集考》、《常變通考》、《冠禮考定》、《近齋禮說》、《家禮增解》。

繼前編後，該研究所又在 2011 年對《叢書》續編 62 卷，收錄朝鮮 18 世紀後半期至 20 世紀初期家禮著述凡 106 種：

> 《家禮彙通》、《士小節》、《八禮節要》、《二禮輯略》、《九峰瞽見》、《四禮類會》《喪禮四箋》、《喪禮外編》、《喪儀節要》、《禮疑問答》、《二禮鈔》、《禮疑箚記》、《四禮祝辭常變通解》、《滄海家範》、《喪禮輯解》、《儀禮九選》、《家禮證補》、《喪禮備要補》、《備要撮略條解》《初終禮要覽》、《竹僑便覽》、《梅山先生禮說》、《常變纂要》、《禮疑問答四禮辨疑》、《喪祭儀輯錄》、《士儀》、《士儀節要》、《三菴疑禮輯略》、《式禮會統》、《二禮演輯》、《二禮祝式纂要》、《喪禮便覽》、

《讀禮錄》、《溪書禮輯》、《居家雜服考》、《全齋先生禮說》、《喪祭輯要》、《愚溪禮說》、《全禮類輯〈家禮〉》、《家禮補遺》、《家禮要解》、《禮疑續輯》、《四禮輯要》、《祭禮通考服制總要》、《四禮芻記》、《臨事便考》、《四禮節略》、《四禮祝式》、《四禮疑義或問》、《艮齋先生禮說》、《增補四禮便覽》、《喪祭類鈔》、《禮疑問答類編》、《四禮集儀》、《士禮要儀》、《儀禮集傳》、《四禮汰記》、《常體便覽》、《曲禮幼肄》、《家鄉二禮參考略》、《四禮纂芻》、《常變祝辭類輯》、《六禮修略》、《家禮補闕》、《四禮提要》、《問詔家禮》、《四禮儀》、《常變祝輯》、《家鄉彙儀》、《四禮常變纂要》、《常變輯略》、《家禮酌通》、《懸吐士小節》、《士小節之節》、《四禮撮要》、《禮疑纂輯》、《禮芻》、《告祝輯覽》、《四禮常變祝辭》、《諸禮祝輯》、《喪祭禮抄》、《四禮要覽》、《二禮便考》、《沙明兩先生問解》、《四禮釋疑》、《二禮通考》、《朝漢四禮十三節》、《四禮儀》、《學禮遺範》、《疑禮考征》、《補遺喪祭禮抄》、《疑禮輯錄》、《緬禮備要》、《四禮要覽》、《緬禮儀節》、《諸家改葬詳說博考》、《諸家禮說改葬條類抄》、《諺文喪禮》、《從先錄》、《家禮便覽》。

《叢書》續編後補遺16卷，收錄罕見版本22種：

《喪禮考證》、《家禮鄉宜》、《疑禮問解》、《奉先抄儀》、《喪祭要錄》、《四禮問答》、《四禮考證》、《尤庵經禮問答》、《尤庵先生禮說》、《家禮要解》、《五禮輯略》、《五服便覽》、《家禮或問》、《四禮輯要》、《喪祭輯略》、《陶庵疑禮問解》、《星湖先生禮說類編》、《家禮輯要》、《禮疑類輯續編》、《四禮正變》、《四禮纂說》、《四禮按》。

當然，遍觀明清朝鮮喪禮漢籍，《叢書》並未囊括所有的喪禮著述，尤其是忽略某些較爲重要、稀見的版本。從喪禮一類條目觀之，至少可以再編入如下幾種文獻：

一、收入《韓國歷代文集叢書》或未單獨刊印的禮經。如宋翼弼（1543～1599）的《禮問答》《家禮注說》、李德弘（1541～1596）的《家禮注解》、金長生（1548～1631）的《典禮問答》、與尤堂丁若鏞（1762～1836）的《喪禮四箋》、金隆（生卒年不詳）的《家禮講錄》、金濯纓（生卒年不詳）的《喪禮答問》、李萬敷（生卒年不詳）《喪祭雜錄》等，這類漢籍雖非專論、全論，且散見於諸先生文集〈雜著〉中而未再出單印，或問答、或箋釋、或講錄、

或諺解，其對喪禮中某一程式或有獨到精闢的見地。這些雜著多為學者就喪禮中某一條目答師友、門人問，或多問一答，或一問多答，或多問多答，頗具特點。

　　二、李氏朝鮮後期稀見抄本、殘本。如《初喪禮》、《喪祭撮要》、《禮家要覽》、《四禮釋疑》、《喪祭去要》、《喪祭祝式》、《喪祭禮匯考》、《二禮祝式》、《喪禮祝式》等，該類漢籍多數成稿於 19 世紀中葉後，著者因不見經傳而多數已不可考，且未得刊布，不為域外漢學整理者重視，然就學術成就言，除祖述早期朝鮮學者治《家禮》之範式外，對喪禮部分條目的提法與運作開始大膽創新，實不遜《叢書》中的其他漢籍。例如，今臺北國家圖書館善本書室藏有朝鮮張錫愚（1786～1846）的《喪祭撮要》抄本一部，原為藏書家葉恭綽（1881～1968）所藏，此書不僅字體雋永、清新、獨成一家，版式工整、嚴謹，圖幅如「祭拘忌」、「墓祭笏記」為他著所未錄，且觀之內容中如「動塚運法、舊山生旺法」葬法、渴慢葬、女喪裹手之具等條式，更發他人所未發。然考之張氏生平，僅官至中司馬官縣監，不為李氏朝鮮知悉。又如今哈佛大學漢和圖書館所藏朝鮮高宗 27 年（1890）抄本《四禮節要》、韓國國立中央圖書館藏抄本《家禮釋疑》等，其中收錄〈八路改譜通文〉、〈南原通文〉、〈淳昌通文〉、〈勸善文〉等條目祝式，均為其他喪禮漢籍未所提及，獨具視野，此種罕見文獻，尤當收入《叢書》之中。

　　三、以學術爭鳴與傳承為特點的漢籍。如李世龜（生卒年不詳）的《家禮紙頭付籤》、南紀濟（生卒年不詳）的《備要補解》、姜碩期（1580～1643）的《疑禮問解》、宋能相（1710～1758）的《喪禮備要紙頭私記》、李瀷（1681～1763）的《金沙溪疑禮問解辨疑》、李景奭（1595～1671）《古今喪禮異同論》等書。此一類著作為作者對前代或同一時期學者著述進行的商榷或補注。如《古今喪禮異同論》乃李氏承聖命據金集《古今喪禮異同議》所作之注釋稿，「陳管見而謹就其條目之緊切者，附以杜撰之說」，是研究金氏禮學思想之重要材料。

　　據筆者所觀察，《韓國禮學叢書》在臺灣與大陸目前頗難一見，並未能為域外漢籍研究者所重視（或因新近出版之故）。此論斷有二點根據。其一，臺灣地區，目前《叢書》（前編 60 卷）僅見於國立臺灣大學圖書館，且其賴於臺灣「國科會補助人文社會科學研究圖書計畫」購進，方使得臺灣學者得為一觀。後半部分尚未進入臺灣地區。至於大陸，《叢書》尚未引起大陸研

究者及研究機構足夠重視，未見有圖書機構購進。另據《中國所藏高麗古籍綜錄》一書所列經部所知，大陸部分圖書機構零星藏有《喪禮聚選》、《喪禮輯解》、《喪禮備要》、《喪祭禮抄》、《國朝喪禮補編》、《改葬備要》等二十餘種朝鮮喪禮漢籍外，尚未對明清域外喪禮進行系統編纂。其二，儘管大陸在2009 年出版《域外漢籍珍本文庫》，旨在「對域外漢籍進行完整而系統的整理，遴選孤本與善本，借此準確把握漢文古籍在域外流傳、遺散、收藏、保存的基本狀況」。但以數量觀之，《文庫》經部中收錄的域外喪禮部份，僅有《家禮集考》、《常禮便覽》、《禮疑問答分類》、《四禮便覽》、《四禮撮要》、《四禮笏記》、《明齋先生疑禮問答》、《喪禮備要》、《家禮考證》、《禮疑類輯》、《禮疑續輯》等十餘種著說，雖然收錄的漢籍蔚為珍貴，但並不齊備，且未成統系。

有鑒於此，筆者在臺期間，藉助臺北國家圖書館、國立臺灣大學、國立中山大學、國立成功大學之典藏資源，搜集上述機構與韓國成均館大學、韓國國立中央圖書館及日本早稻田大學所藏之其他喪禮資料，互勘版本，遍觀群書，考鏡源流，去粗取要，以成《明清域外喪禮漢籍經眼錄》。是書系統收錄明清以來朝鮮與日本學者所著喪禮凡九十三種，列舉明代朝鮮學者所著喪禮二十八種，清代域外喪禮六十五種，其中朝鮮學者所著喪禮五十七種，日本學者所著喪禮八種。此外並收錄明清罕見喪禮著述版本三種（《家禮集說》、《家祭禮儀》、《喪禮撮要》），另收錄《家禮》、《書儀》域外刊、藏本四種。所用之版本，均以上述兩種叢書及臺北國立中央圖書館、北京國家圖書館域外漢學《善本書志》公認之善、珍本，其中部份為極少見之鈔本。每一著作均附圖片與說明文字，介紹其版本基本情況、收錄之條目、以及著作之影響與地位。較具影響力之著作如《喪禮備要》、《疑禮問解》、《四禮便覽》類者，有多種版本，則除具最佳版本外，亦將其他版本逐一介紹。又未成喪禮專書然被《韓國歷代文集叢書》收錄之零星論述者，也一併介紹，並作扼要說明。當然所掌握資源有限，尚有不少珍稀版本未能悉數錄入是書，如朝鮮學者所著《家禮補疑》、《五服便覽》、《四禮輯要》、《士儀節要》等書，日本學者所著《喪禮私說》、《喪禮略》等書，未能得見，真是一大憾事！只能待將來有機會出版《經眼錄》〈續集〉時再行收錄。

本書得以成稿，要感謝上述典藏機構提供的便利，筆者一無關係，二無人脈，卻時時刻刻感受臺灣行政機關工作人員的熱情與用心。筆者於高雄訪

學之時，往復臺北頗爲不便，得知國立高雄師範大學圖書館藏有《備要補解》、《禮家要覽》之微縮卷，然而適逢該館古籍資料整體搬運至高雄師大燕巢校區，尚未拆封，工作人員懇請筆者留下聯繫方式以方便今後聯繫。未幾，燕巢圖書館便打來電話，除向筆者表示歉意外，並告知可前去複印所需資料及邀請筆者參加該校新圖書館成立午宴。筆者篤定要在臺灣出版此項成果，除了以上原因外，還因爲時刻感受到大陸學界人心的冷漠與無情。如果此書還有那麼一點價值的話，筆者惟願將這點貢獻首先獻給臺灣。

　　最應該感謝的是國立臺灣大學中文系彭教授美玲先生，先生是禮俗與經學研究的專家，早在十年前便做過國科會《家禮源流群書述略考異》的專題研究計畫。先生高風亮節，在百忙之中對是書盡心指導，糾正文獻整理中的諸多瑕疵，多次來函勉勵筆者堅持完成這項研究。將來筆者若能在學問上稍有作爲，誠有彭教授獎掖後學之功勞也。

　　「國之大事，唯祀與戎」。我華族乃千年儀禮之邦，獨具相容、豁達之風格，此一品性亦開化周邊邦國，明清時期李氏朝鮮盛譽我華夏「淩虛致遠」、「靈飛順濟」，多爲效仿，端視其家禮研究之深廣度亦可見一斑。故筆者不揣冒昧，作此《經眼錄》以引介域外喪禮漢籍，實不足爲磚。且學力不及，倉促而就，謬誤之處亦在所難免，由是懇待方家斲削郢正。

彭衛民
2012 年 6 月完稿於國立台灣大學圖書館

目
次

凡　例

　　一、《明清域外喪禮漢籍經眼錄》（以下簡稱《經眼錄》）為列舉明、清兩代域外學者（朝鮮與日本）喪禮著述情況之專門著作，《經眼錄》藉助臺北國家圖書館、國立臺灣大學圖書館、韓國成均館大學圖書館、韓國精神文化研究院、韓國國立中央圖書館等典藏資源，共列舉明代朝鮮學者所著喪禮二十九種，清代域外喪禮六十五種，其中朝鮮學者所著喪禮五十七種，日本學者所著喪禮八種。此外并收錄明清罕見喪禮著述版本三種（《家禮集說》、《家祭禮儀》、《喪禮撮要》），另收錄《家禮》、《書儀》域外刊、藏本四種。

　　二、全書目次之排序，首以著者生活之年代為先後，次不可考其生卒年者；首以朝鮮學者，次以日本學者；首以域外學者，次以中國學者。

　　三、每種文獻，皆附書影，若有兩種以上版本，則相應附兩種以上書影，書影下皆有文字說明。每種文獻皆首先介紹其卷冊、版框、版心、行字、序跋、刊年、印藏等情況，次介紹其收錄喪禮條目情況，次介紹該種文獻之成書情況、學術地位、社會影響及所承載之喪禮思想，次介紹作者生平。又，未成喪禮專書然被《韓國歷代文集叢書》關於喪禮之零星論述者，也一併附錄，並作扼要說明。

　　四、《經眼錄》所選取之版本，以臺北國立中央圖書館、北京國家圖書館域外漢學《善本書志》公認之善、珍本，另參酌《韓國禮學叢書》所選取之刊版。其中部份為極為少見之善、珍本，如《喪祭撮要》、《家祭禮儀》、《喪祭輯笏》、《四禮節要》、《禮家要覽》、《喪祭取要》等。若因筆者學力不逮，尚有其他較佳文獻未收入《要錄》者，權待將來再著續集收集之。

　　五、《經眼錄》所蒐集之日本學者著述為日本早稻田大學圖書館古籍善本書室所藏，書目較少，多為抄本，內容介紹較為簡略，茲待將來再行補充。

明　代

1、李孟宗：《家禮增解》

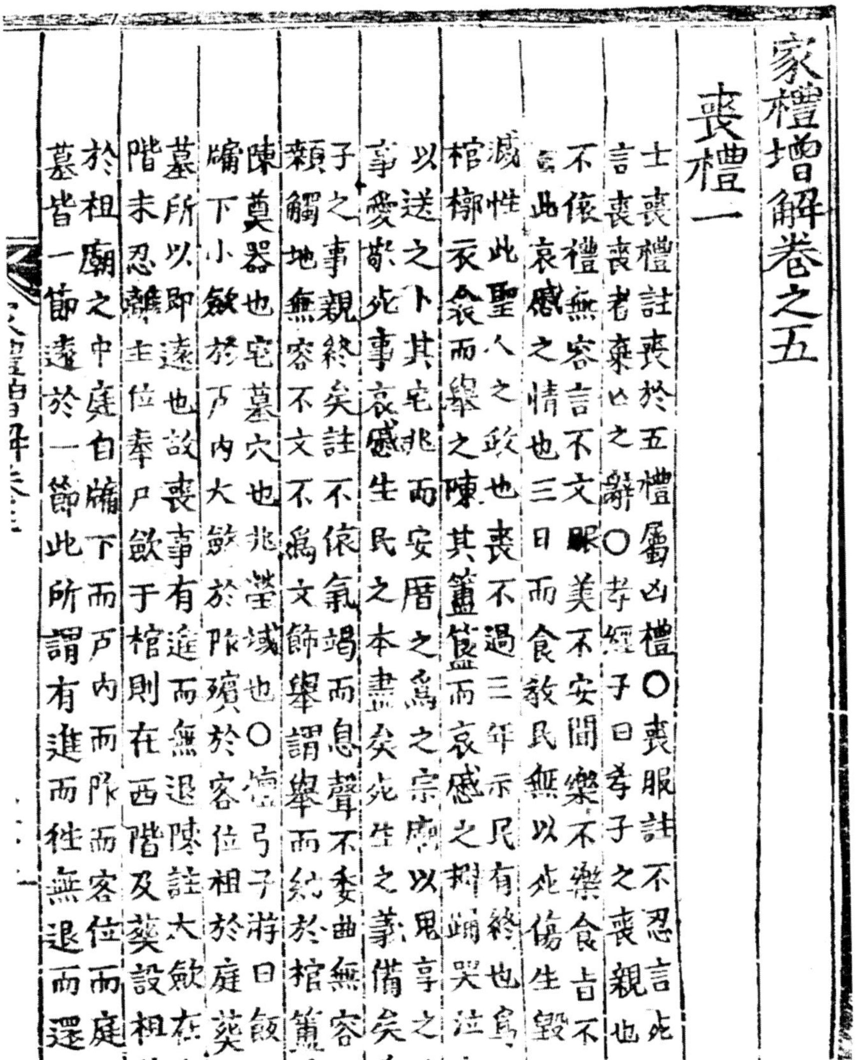

家禮增解卷之五

喪禮一

士喪禮註喪於五禮屬凶禮○喪服註不忍言死而言喪喪者棄亡之辭○孝經子曰孝子之喪親也哭不依禮無容言不文服美不安聞樂不樂食旨不甘此哀戚之情也三日而食教民無以死傷生毀不滅性此聖人之政也喪不過三年示民有終也爲之棺槨衣衾而舉之陳其簠簋而哀慼之擗踊哭泣哀以送之卜其宅兆而安厝之爲之宗廟以鬼享之生事愛敬死事哀戚生民之本盡矣死生之義備矣孝子之事親終矣註不依氣竭而息聲不委曲無容措顙觸地無容不文不爲文飾舉謂舉而納於棺簠簋陳奠器也宅墓穴也兆塋域也○檀弓子游曰飯於牖下小斂於戶內大斂於阼殯於客位祖於庭葬於墓所以即遠也故喪事有進而無退陳註大斂在東階未忍離主位奉尸斂于棺則在西階及葬設祖奠於祖廟之中庭自牖下而戶內而阼而客位而庭而墓皆一節遠於一節此所謂有進而往無退而還也

〔朝鮮〕李孟宗（？～1423）著、李宜朝（生卒年不詳）輯：

《家禮增解》，朝鮮正祖十八年（1794）木活字刊本。

全書共計十四卷，裝成十冊，附插圖，四周雙邊，框高二十三點四釐米，寬十七點二釐米，有界格，每半葉十行，每行二十二字，注文小字雙行，上花魚尾，版心中端題「家禮增解」卷次，下方記葉次。是書前收有《家禮增解》引用禮書目錄一卷，所引書分中土與東儒兩部份，凡例，附朱子《家禮》序，自序：「崇禎後三壬子德殷宋煥箕序」，小敘，文末收鄭晚錫跋：「崇禎四甲仲秋溫城鄭晚錫書」。末葉有牌記：「版本在慶尚道知禮鏡湖影堂」。名「增解」者，蓋乃李氏自言曰：「此乃吾先人嘗蒐輯古今之禮，就《家禮》而編出者也，草本未及再修，而先人奄忽捐世，不肖深恫雅言之將湮，益懼遺戒之或墜，繼始修整，煞用心力者數十年，而今纔得就。」

此書依據朱子《家禮》體例分爲通禮、冠禮、昏禮、喪禮、祭禮部份。其條目爲：通禮〈祠堂、深衣制度、居家雜儀〉；冠禮〈冠、笄〉；婚禮〈議昏、納采、納幣、親迎、婦見舅姑、廟見、婿見婦之父母〉、喪禮〈初終、沐浴襲奠、靈座魂帛銘旌、小斂、大斂、成服、朝夕奠、吊奠賻、聞喪奔喪、治葬、遷柩、遣奠、發引、虞祭、卒哭、祔、小祥、大祥、禫、吉祭、改葬、喪中行祭說、居喪雜儀、父母亡慰答疏式〉；祭禮〈時祭、初祖、禰、忌、墓祭〉。鏡湖先生李宜朝爲統一朝鮮家禮，自英祖 34 年（1758）始，以《家禮》爲底本，歷時 13 年，在英祖 47 年（1771）完成《增解初本》，此書 20 年後，使得以黃嶽山直指寺巨木爲材料進行木活字刊刻，又歷時 3 年，以成 475 片木板計 950 頁。據朝鮮史料記載，該刊本爲唯一保留的有關冠昏喪祭禮法的增解板本。

性潭先生宋煥箕在《與金善之書》中對李宜朝與《增解》有如是評價：「校勘之際，須加細商而定其存刪，以期得宜耳。第〔弟〕同門如孟宗之見則必不肯從刪之之議奈何，此友專篤之工，尤在禮書。凡於論禮，沛然無礙，而其所編《家禮增解》數十卷，纖悉無餘蘊。至於父祖偕喪一條，致意益精。」在爲《增解》序中又盛讚道：「其所以分門類附，逐事彙編者，引據該備，取捨精確，間附己見，辨析甚詳。發前人所未發者亦多，儘可謂良工心獨苦也。是書於其顯微大小之節，實有以發揮盡矣。則常變因革之義，名物度數之文，皆可瞭然如指諸掌焉。若使剞劂而行於世，則其有補世教者果如何哉！抑余又有所興歎者，書曰天敘有典，天秩有禮。今孟宗既師事雲坪〔宋能相，筆者注〕，以禮飭躬，而又克紹述先業，編成此書，其所自盡於典禮者，有如是矣。而亦將見其釋回增美之化，不止於家衖鄉黨間耳，然則維兹所編，豈徒爲巾笥之藏而已。」

2、申叔舟：《國朝五禮儀》

國朝五禮儀卷之八

凶禮

四時及臘俗節　正朝冬至朔望亨山
　　　　　　　食端午秋夕

陵儀前禫祭

齊戒剛見序前一日陵司帥其屬掃除陵室內外贊者設獻官位於東階東南西向諸執事設位後於執事之後稍南西向北上設盥洗於執事位於獻官之後稍南西向北上事贊者謁者贊引位於執事之南西向北上監察位於執事之南西向北上陵司設靈座於陵室北戶內南其書後吏陪其日陵司設靈座於陵室北戶內南

隨地之宜獻官諸執執臨時盥手入就位

〔朝鮮〕申叔舟（1417～1475）等受命編：《國朝五禮儀》，早稻田大學圖書館藏，朝鮮成宗六年（1475）木活字刻本。

全書共八卷，裝成六冊，四周單邊，每半葉高二十四點三釐米，寬十七釐米，全本高三十六點六釐米，寬二十三點二釐米。有界格，每半葉十行，每行十七字，注文小字雙行，上下內向黑魚尾。是書藏於日本早稻田大學圖書館，書中鈐有「去水五味均平藏」朱文方印。

卷之七爲「凶禮」，收錄條目凡五十七條：爲皇帝舉哀儀、成服儀、舉臨儀、除服儀、國恤顧命、初終、復、易服不食、戒令、沐浴、襲、奠、爲位哭、舉臨、含、設冰、靈座、銘旌、告社廟、小斂、奠、治椑、大斂、奠、成殯、奠、廬次、成服、服制、嗣位、頒教書、告訃請諡請承襲、朝夕哭奠及上食儀、朔望奠、議政府率百官進香儀、治葬、請諡宗廟儀、上諡冊賓儀、內喪請諡宗廟儀、上諡冊寶儀、啓殯儀、祖奠儀、遣奠儀、發引班次、發引儀、路祭儀、遣奠儀、立主奠儀、返虞班次、返虞祭、安陵奠儀、山陵朝夕上食儀、魂奠虞祭儀、卒哭祭儀、魂奠朝夕上食儀、魂奠四時及臘親享儀、攝事儀、魂殿俗節及朔望親享儀、攝事儀。

卷之八爲「凶禮」，收錄條目凡三十條：四時及臘俗節朔望享山陵儀、親享山陵儀、迎賜諡祭及弔賻儀、賜賻儀、賜諡儀、焚黃儀、賜祭儀、練祭儀、禫祭儀、祔廟儀、題位版儀、祔文昭殿儀、爲外祖父母舉哀儀、爲王妃父母舉哀儀、爲王世子及夫人公主翁主舉哀儀、爲內命婦及宗戚舉哀儀、爲貴臣舉哀儀、臨王子及夫人公主翁主喪儀、遣使弔王子及夫人公主翁主喪儀、遣使榮贈王子儀、王妃爲父母祖父母舉哀儀、成服、除服、王世子爲外祖父母舉哀儀、臨師傅貳師喪儀、遣使致奠外祖父母嬪父母師傅貳師喪儀、王世子嬪爲父母祖父母舉哀儀、成服、除服、大夫士庶人喪儀。

後李氏朝鮮又敕命修纂《國朝續五禮儀》，其凶喪禮部份又收錄條目凡十一條：國恤服制、王妃爲父母喪服制、梓宮加漆時哭臨儀、梓宮上字書寫時哭臨儀、發引時奉辭儀、靈駕至陵所奉安儀、返虞時祗迎哭拜儀、遷陵儀、莊陵復位儀、溫陵復位儀。

3、李彥迪：《奉先雜儀》

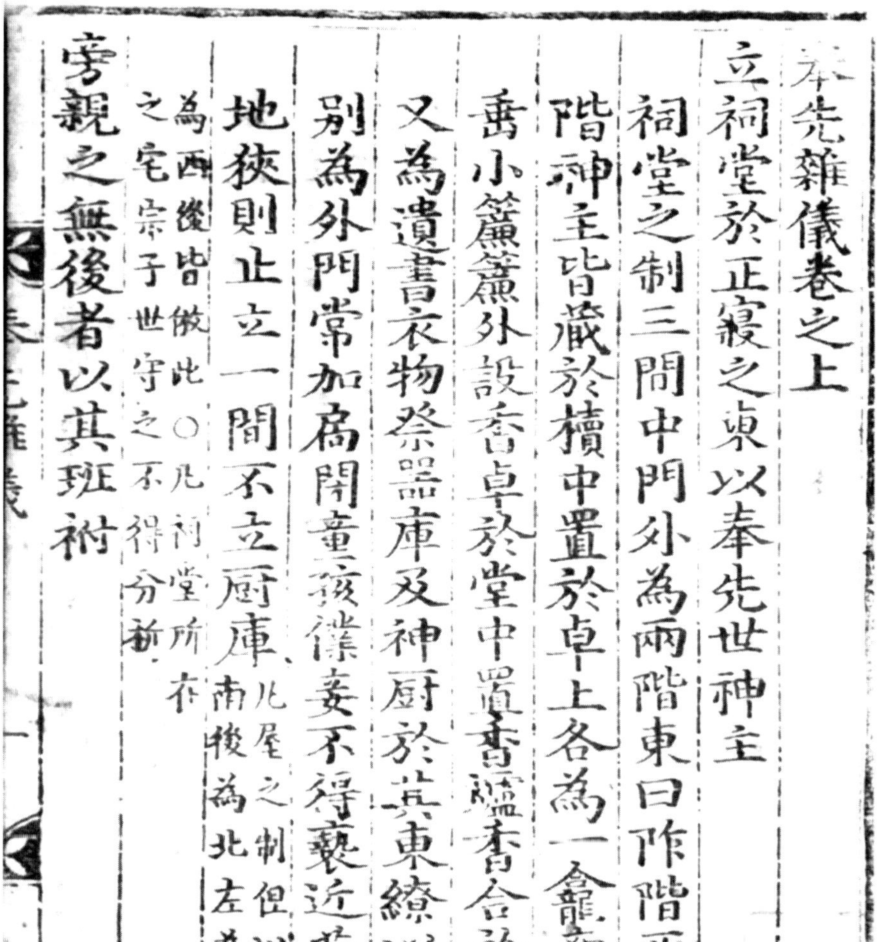

奉先雜儀卷之上

立祠堂於正寢之東以奉先世神主

祠堂之制三間中門外為兩階東曰阼階西曰西階神主皆藏於櫝中置於卓上各為一龕南向外垂小簾簾外設香卓於堂中置香爐香合於其上又為遺書衣物祭器庫及神廚於其東繚以周垣別為外門常加扃閉童孩僕妾不得褻近若家貧地狹則止立一間不立廚庫、（凡屋之制但以前為南後為北左為東右為西後皆倣此○凡祠堂所在之宅宗子世守之不得分析）

旁親之無後者以其班祔

〔朝鮮〕李彥迪（1491～1553）：
《奉先雜儀》，台北國家圖書館藏明嘉靖間朝鮮刊本。

　　光分上下二卷，裝成一冊，框高二十四點一公分，寬十七點七公分，左右雙邊，每半葉十行，每行二十字，注文小字雙行，左右雙邊，有界格，白口，上下花魚尾，版心中端題「奉先雜儀」，下方記葉次。首卷首行題「奉先雜儀卷之上」，次行題「立祠堂於正寢之東以奉先世神主」。卷末爲作者跋「嘉靖庚戌八月甲子驪江李彥迪謹書」，現藏於臺北國立中央圖書館，書中鈐有「國立中央圖書館收藏」朱文長方印、「王氏二十八宿研齋祕笈之印」朱文長方印、「恭綽」朱文方印、「退庵經眼」白文方印、「玉父」白文長方印。是書以朱子《家禮》、司馬光《書儀》及程頤之說爲參照，根據朝鮮時俗所做的提煉與總結，另採禮經之文及先聖賢之言有明報本追遠之義者，別爲一篇，以附於後。上卷由祠堂祭、四時祭、禰祭、忌日、墓祭等條組成，收錄的條目有：立祠堂以奉先世神主、置祭田具祭器、出入比告、正至朔望則參、俗節則獻以時食、有事則告、四時祭、忌日、墓祭等條。下卷由祭義、祭統、八佾、學而等條摘錄而成。

　　李彥迪闡明了這種寫法乃在於顧全禮經之有本有文：「夫祭祀之義，有本有文，無本不立，無文不行。存乎心者本也，著於物者文也，蓋必文與本兼盡，始可謂之盡祭之義。存乎心者有所未盡焉，則節文雖備，是亦虛而已矣。」李氏淹通群經，嘗因災異求言，上疏數千言，凡一綱十目。朝鮮中宗大加褒獎「古之眞德秀無以過也」。根據《朝鮮儒教淵源》記載：「先生之學無授受之處，而自奮於斯學，闇然日章而德符於行，炳然筆出而言垂於後者，求之東方，鮮有其倫矣。所著有《求仁錄》、《大學》、《續或問》、《中庸九經衍義》及遺集、《奉先雜儀》等書，又有〈與曹忘機漢輔論太極〉書傳於後。」

　　退溪李滉對其有如是評價：「精詣之見、獨得之妙，最在於〈與曹忘機〉書。其書闡吾道之本源，闢異端之邪說，貫精微澈上下，粹然一出於正。深玩其義，莫非有宋諸儒之緒餘，而得於考亭者，尤多也。」奇高峯曰：「公穎悟絕人，乃於俗學之外，知有所謂爲己之學。講明體履，用力於致知、誠意之地。年二十七而作《五箴》，三十而又作《立箴》，其言皆古聖賢之旨，蓋於操存、省察、懲窒、改遷，實有所事，非空言也。」栗谷先生李珥之《石潭日記》亦曰李彥迪「博學能文，事親至孝。好玩性理之書，手不釋卷，持身莊重，口無擇言。多所著述，深造精微者，亦以道學推之。」柳成龍答館學書曰：「晦齋先生身心內外，表裏洞然，潔白輝光，行止語默，非道不行。如此而猶未免於洗垢而索瘢，則天下豈有賢人、君子可尊可尙者乎？」

奉先雜儀卷上

立祠堂於正寢之東以奉先世神主

祠堂之制三間中門外為兩階東曰阼階西曰西階神主

皆藏於櫝中置於卓上各為一龕南向外垂小簾簾外設

香卓於堂中置爐香合於其上又為遺書衣物祭器庫

及神廚於其東繚以周垣別為外門常加扃閉童孩僕妾

不得襃近若家貧地狹則止立一間不立厨庫 但以前為制

南後為北左為東右為西後皆放此○凡

祠堂所在之宅宗子世守之不得分析

旁親之無後者以其班祔

伯叔祖父母祔于曾祖妻若兄弟若兄弟之妻祔于祖子姪

祔于父 一西向主櫝並如正位妻之父自立祠堂則遷而

從之 程子曰無服之殤不祭下殤之祭終父母之身中殤之祭終兄弟之身長殤之祭終兄弟之子之身成人殤

韓國國立中央圖書館藏明嘉靖間朝鮮《奉先雜儀》舊鈔本。

4、宋翼弼：《家禮註說》

龜峰先生集卷之九

家禮註說三

祭禮

祭禮

記曰祭者所以追養繼孝也　註曰追其不及之養

而繼其未盡之孝也　○朱子曰古人誠實直是見

得幽明一致如在其上下左右非必知其不然姑

爲是言以設教也　○朱子曰自吊魂復魄立重設

主便是常要接續他些子精神在這裏　○又曰聖

人教人子孫常常祭祀也要聚得他　○問既曰往

〔朝鮮〕宋翼弼（1534～1599）：

《家禮註說》，朝鮮隆熙四年（1910年）木活字刊本。

筆者未見有《家禮註說》單獨刊印本，故採用《龜峰先生文集》所錄之《註說》版本。是書共計十一卷，裝成五冊。半葉框高二十一點五釐米，寬十五點七釐米。四周單邊，每半葉十行，每行十九字，注文小字雙行。版心白口，上黑魚尾，版心中端題「龜峰集」，記卷次，文前附重刊序「宋炳華乙酉（1909）序」、文末跋「田愚乙酉（1909）跋」、「宋鍾弼庚戌（1910）跋」。

是書卷之一爲序、祠堂、深衣、居家雜儀、冠禮、昏禮。卷之二爲「喪禮」，收錄條目五十條：疾病遷居正寢、復、立喪主、徒跣、扱上衽、治棺、秫米灰、沐、設幃、遷尸、陳襲衣、西領、祿衣、橐、綴旁、緇冒、握手、幎目、陳於堂、實於盌、撮爲髻、剪爪、徙尸牀、洗盞斟酒、飯含、幠、卒襲、設魂帛、鑿木爲重、承輴軒、遺衣裳必置於靈座、立銘旌、小斂、設奠、大斂、成服、朝夕哭奠、三月而葬、祠后土、葬、攢柩、設祖奠、乃窆、反哭、進饌、柔日、祔、大祥、禫、居喪雜儀。卷之三爲「祭禮」，收錄條目凡六條：祭禮、四時祭、齋戒、昭穆制度、墓祭、祭變禮。

喪禮部份收錄的條目有：齋戒、不得茹葷、齋之日思其居處、雖七廟五廟止於高祖、月祭嘗享之別、大夫有事省於其君、二主、支子所得自主之祭、省牲、具饌、饅頭、玄酒、熾炭於爐、質明、奉主就位、盛服、主婦西階下、焚香、以茅縮酌、進饌、主人昇主婦從之、祭土茅上、炙肝于爐、粢盛、初獻、扱匙飯中、一食九飯之頃、受胙、啐酒、勿替引之、實于左袂、告利成、辭神、徹、餕、束茅之下、毛血爲一盤、左胖不用、毛血腥盤、炙肝加鹽、瘞毛血、襧、受胙、忌日、奉神主出就正寢、墓祭、楮錢、尺圖。

宋翼弼（1534～1599），本貫礪山宋氏、字雲長、號龜峰‧玄繩、諡號文敬、朝鮮半島後世尊稱其爲宋龜峰或龜峰先生。韓國李氏朝鮮的庶子出身，儒學者及政治人，作家，詩人，被稱東方禮學的中興祖。己丑獄事背後人物同畿湖學的巨將和西人黨的理論家，其門人金長生，爲其禮學衣缽之承繼者。

5、趙振：《退溪先生喪祭禮答問》

後母存不稱
孤哀可否

退溪先生喪祭禮答問

答李仲久湛　甲子

有後母生存而遭父喪者前後子孤哀之稱果
似乎有嫌礙而未有經據可斷然鄙意來示所
舉一朝官只稱孤子者為得之蓋士大夫後要
者亦媒幣所聘固為正室非如㛰妻妾間殊等
之分故禮於後母生事喪祭一如已母而無異
何可以非已出而遽稱哀於其生之日乎況人
子孤哀之稱出於至痛而第得已也其稱出於
不得已則其猶可不稱庶幾猶無疑矣

〔朝鮮〕趙振（1535～？）：

《退溪先生喪祭禮答問》，朝鮮未知年代刊本。

全書不分卷，一冊，每半葉框高十七點四公分，寬十五點五公分。有界格，每半葉十行，每行十八字，四周雙邊，版心白口，上下花魚尾，版心內題「喪祭禮答問」，下方記葉次，文首行題「退溪先生喪祭禮答問」，次行低三行題「答李仲久　湛　甲子」，天頭處有墨筆批註。是書收錄退溪先生李滉與諸位學者喪祭禮言論。

是書收錄的條目有：疾病、主喪、主婦、喪中立後、散髮、易服、襲、握手、飯含、斂、奠、治棺、銘旌、殯、喪服、朔望奠、上食、居喪、弔、書疏、孤哀稱號、奔喪、國喪而冠、并有喪、服中死、代父繼喪、父在為母喪、為人後服、為人後者為出生服、為繼子服、出嫁女為私親服、私親為姑姊妹服、為人後者妻為出生舅姑服、承重者妻姑在不得從服、外親服、適庶制服、適子為庶母服、妾為夫黨服、庶子為其母服、庶子為適母父母兄弟姊妹服、為收養父母服、為侍養父母服、師友服、追服、改葬服、塋葬卜地、祠后土、石灰、油灰、七星板、朝祖奠、朝祖、祖奠、遣奠、發引、挽辭、下帳、柩衣、贈幣、窆、隧道、下棺、作主、題主、誌石、合葬各葬、盧墓、并有喪葬禮、君臣禮葬、俗葬、墳墓遇宰、改葬、虞祭、卒哭、祔祭、練祥禫、新主入廟、改題主、吉祭、遞遷、始飲酒食肉、毀喪服、祧主奉遷最長房、別室藏主、心制喪祭、喪中合祭考妣、并有喪祭禮、臨祭有喪、喪中祭、喪中祭先服色。

祭禮部份收錄廟制、奉祀世代、奉安位次、主祭、卜日、齋戒、祭服、序立、香桌、燭、祭饌、陳設、祭儀、祭初祖、不遷主、禰祭、忌祭、薦新、生辰祭、時祭拘忌、過時不祭、班祔、殤祭、攝祀、喪子承重、侍養奉祀、外家奉祀、妻親祭、立後、歸宗諸條。

金長生《沙溪先生全集》卷四十二中有《喪祭禮辨疑》一篇，是篇由《疑禮問解》析出，專論《退溪先生喪祭禮答問》一書中之條目：答李仲久母喪身死其子代喪之疑；答金亨彥祠堂三龕欲增作四龕之問；答金敬夫禫日變服之節；答李剛《家禮》握手圖之疑；答金而精祥畢主入之疑；答禹景善握手長度之疑；答鄭君重遭大禍之疑；答鄭汝仁夫為人后其妻為本生舅姑服期之問；答金士純改葬緦之疑；答琴聞遠日禮過仲月則不舉時祭；答李平權日期九月之喪之疑；答鄭道可周尺之疑，等條。

6、李珥：《祭儀鈔》

○第一行形鹽在前魚鱐次
之第二行乾棗在前栗黃榛
子次之第三行菱仁在前芡仁
鹿脯次之○豆八在右為三
行左上○第一行韭菹在前
醓醢次之第二行菁菹在前
鹿醢菁菹次之第三行兔醢
筍菹魚醢次之○俎二一
在邊前一注豆前○邊前俎
實以羊腥豆前俎實以豕腥

尊二一實醴明
泲水○象尊二
一實明水○
一實盎齊○
玄酒○為三
山罍二一實
行○第一行
犧尊第二行
象尊第二行
山罍○皆加
之冪往殿上

〔朝鮮〕李珥（1536～1584）：

《祭儀鈔》，清乾隆戊戌年（1778）朝鮮雪山刊本。

　　全書共計一卷，裝成一冊。框高二十四公分，寬十八公分。有界欄，每半葉十一行，每行二十字，注文小字雙行，白口，雙花魚尾，版心中間題「五禮祭儀鈔」，版心下短記葉次。出版地：朝鮮，現藏臺北國家圖書館善本書室。書中鈐有「國立中央圖書館收藏」朱文長方印、「王氏二十八宿研齋祕笈之印」朱文長方印、「恭綽」朱文方印、「遐庵經眼」白文方印、「玉父」白文長方印。

　　書中有〈祠堂之圖〉、〈正寢時祭之圖〉、〈每位設饌之圖〉三圖。收錄奉先七儀，其中〈出入儀〉凡七條：凡出入必告祠堂，若近出則入大門，瞻禮而行，若經宿處，則焚香再拜，若遠出經旬，則又再拜。〈參禮儀〉凡十一條：正至朔望則參，前一日灑掃齋宿，闕明夙興，開祠堂，每位設饌，主人以下盛服，啓櫝，奉諸考、妣神主置於櫝前，奉酒、焚香跪拜。〈薦獻儀〉凡六條：俗節獻以時食，如朔參之儀，有新無則薦，如五穀、魚、果之屬。〈告事儀〉凡十一條：有事則告，如朔參之儀，獻酒再拜，訖主人立於香桌之南，祝執版立於主人之左跪讀之，畢，興，主人再拜，降，復位，辭神。〈時祭儀〉凡九條：時祭用春分、夏至、秋分、冬至或依家禮，前期三日告廟，祝執版立於主人之左跪讀之曰，孝曾孫某將以某月某日祗薦歲事，於曾祖考妣、祖考妣、考妣敢告，主人再拜，降，復位，與在位者皆拜而退。〈忌祭儀〉凡十條：散齋二日，致齋一日，設所祭一位，陳器具饌如時祭之儀，但具一分。闕明夙興，設熟果酒饌，主人以下變服。詣祠堂敍立再拜，訖，主人升，焚香跪告於所祭之主曰：今以某親某官府君，遠諱之辰，敢請神主出就正寢，恭伸追慕。〈墓祭儀〉凡十五條：墓祭依俗制，行於四名日〔正朝、寒食、端午、秋分〕，散齋二日，致齋一日，具饌，每墓依分數如忌祭之儀，更設　分之饌，以祭土神。主人以下玄冠素服黑帶，執事者詣墓所再拜，奉行塋域內外，環繞哀省三周，其有草棘，即用刀斧鋤斬芟夷灑掃，訖，復位再拜，又除地於墓左，以爲祭土地之所。喪服中行祭儀。

　　李珥（1536～1584），李氏朝鮮知名儒學者。字叔獻、見龍，號栗谷、石潭、愚齋，世尊爲栗谷先生。朝鮮朱子學新學派即「主氣論」學派的代表人物。畿湖學的宗主和西人黨的黨首。師從白仁傑與李滉，歷任戶曹佐郎、吏曹佐郎、戶曹判書、大提學等官職。著有《聖學輯要》、《東湖問答》、《小學集注》、《萬言封事》、《箕子實記》、《經筵日記》、《人心道心說》、《金時習傳》等書。是書《祭儀鈔》，即栗谷先生《擊蒙要訣》之喪禮部份，《擊蒙要訣》

分「立志」、「革舊習」、「持身」、「讀書」、「事親」、「喪制」、「祭禮」、「居家」、「接人」、「處世」等十章，是李氏爲教育弟子而編的教材和入門書，共兩卷一冊，一五七零年李珥在海州石潭蓋聽溪堂教弟子時，爲使少年易習之蒙學教材。朝鮮宣祖十年（1577）刊行。筆者知有商西龍嚴刊本與丁未四月日營修補本。

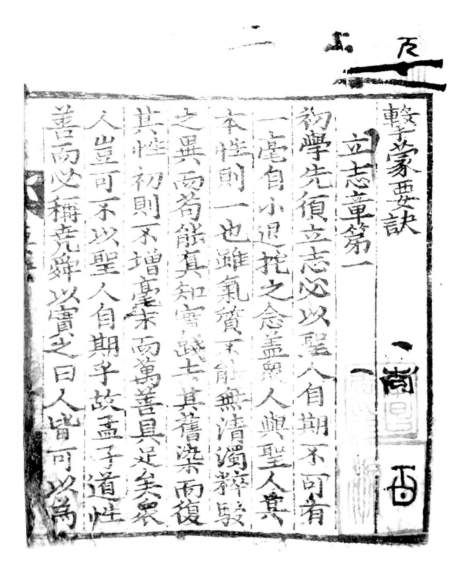

朝鮮宣祖十年（1577）木活字刊本《擊蒙要訣》。

7、金誠一：《喪禮考證》

鶴峯先生逸稿卷之四

喪禮考證

初終

始卒主人啼兄弟哭婦人哭踊　喪大記

啼者哀痛之甚鳴咽不能哭如嬰兒失母也兄弟
情稍輕故哭有聲婦人之踊似雀之跳足不離地

問喪篇云爵踊是也

大夫之喪主人坐于東方主婦坐于西方其有命夫
命婦則坐無則皆立士之喪主人父兄子姓皆坐于
東方主婦姑姊妹子姓皆坐于西方兄哭尸于室者

〔朝鮮〕金誠一（1538～1593）：

《喪禮考證》，收入《鶴峰先生逸稿》。

是書未見單獨刊本，故以《鶴峰先生逸稿》（稿本）卷之四所收之《喪禮

考證》爲底本。全書不分卷，一冊。半葉框高二十一點一釐米，寬十四點五釐米。四周雙邊，有界格，半葉十行，每行二十字，注文小字雙行。版心白口。卷末有尾題：「鶴峰先生逸稿卷之四」。

是書引《禮記》之〈問喪〉、〈曾子問〉、〈曲禮〉、〈喪大記〉、〈雜記〉、〈檀弓〉、〈喪服小記〉等關於喪禮條目，考證初終〈始卒、大夫之喪、承衾而哭、婦人哭位〉、爲位、復、訃、沐浴、襲、飯含、靈座、魂帛、銘旌、小斂〈奠、環絰、主人、布絞、祭服、陳衣〉、大斂、奔喪〈奔兄弟之喪、奔父之喪、聞兄弟之喪〉、殯〈三日而殯、附於身者、賓客至無所館、既殯〉、弔〈知生者弔知死者傷、弔喪不能賻、臨喪不笑、望柩不歌、臨哭不翔、鄰有喪舂不相、里有殯不巷歌、臨喪不惰、朋友之墓有宿草而不哭、死而不弔、兄弟不同居者皆弔、越疆弔人、弔於葬者、大夫之喪庶子不受弔〉、成服、奠賻〈始死之奠、讀賵、薦新、桑不剝奠、朝夕奠、奠以素器〉、喪葬之具〈喪具棺衣、竹器、棺束、明器、裏棺、棺蓋、豐碑〉、葬、朝祖、遣、虞、祔、練、卒哭、居喪雜儀〈毀瘠不形、頭有創則沐身有傷則浴、爲葬讀喪禮既葬讀祭禮、拜而後稽顙、始死充充如有窮既殯瞿瞿如有求而不得〉、服制等條目。

金誠一（1538～1593），字士純，號鶴峰，本貫義城，朝鮮東人黨成員，爲退溪先生李滉門人。歷任承文院副正字、正字、檢閱、待教、奉教、刑曹佐郎、禮曹佐郎、1586 年因社稷壇火災事件被罷黜，賜諡文忠，著有《鶴峰全集》。西厓先生柳成龍（1507～1570）字而見，號西厓，朝鮮豐山人，亦著有《喪禮考證》。金、柳二先生均師從退溪先生李滉，爲嶺南儒學和退溪學派之代表人物，未知二先生所著之《喪禮考證》爲同一著作否？

8、李德弘：《家禮註解》

艮齋先生續集卷之五

家禮註解

祠堂圖　今廟制不立只設祠堂曲裾圖朱子不用此

舊說曲裾之制五服圖按大明會典儀禮經傳祖姑

嫁總姑嫁小功從姊妹嫁總與此圖大異恐此誤八

晏鳳嫁娶昔人有問於程子曰有孤孀貧窮無托者

可再嫁否程子答曰餓死事極小失節事極大〇詩

傳註曰女子之生以身事人則當與之同生與之同

死故夫死稱未亡人言亦待死而已不當復有他適

之義也　神主式　府君〈尊嚴之稱如云官府之君連領

艮齋先生德續集卷之五　一

〔朝鮮〕李德弘（1541～1596）：《家禮註解》一卷，
收入《韓國歷代文集叢書》之《艮齋先生文集》。

該文集共計十二卷，裝成其冊，半葉框高十九點六釐米，寬十四點七釐米。每半葉十行，每行二十字，注文小字雙行，有界格，版心白口，內向二葉花魚尾。表題「艮齋集」，文前有兩序：「上之十九年癸亥（1743）陽月上浣後學平原李光庭謹敘」、「上之四十二年（1766）丙戌三月上浣後學東萊鄭彥忠謹書」，文末有跋「上之三十年（1754）乙丑清和節後學豐山柳尋春謹跋」。《註解》一書分別論述祠堂、居家雜儀、冠禮、昏禮、喪禮、祭禮、喪服制度，後附「居家雜儀」兩條，「祭祀之禮」兩條。

祠堂有對《家禮》之祠堂圖、五服圖、八母圖、神主氏府君、連領、繼祖小宗、序儀章服、度數、祠堂、影堂、正寢之東、廳事、四龕、兩階之間、立齋、後世譜牒、班祔、終父母之身、成人無後、見田、典賣、婦人四拜、俠拜、朔望則參、軸簾、托、諸母、茶筅、準禮、裝香、唱諾、中元、角黍、正祭、有事則告、孝子某、洗水、或有水火盜賊、葬其祖、始墓之祖、深衣制度詞句釋義。喪禮部份有對初終、復、左執領、三不食、再不食、秫米灰、許貧者還葬、設幃及床、簀、南首、幠目、握手、褖、繞髻、飯含、覆以衾、執筆눼相、立銘旌、可得而治、凡物束練、大斂、首絰、苴杖、袀、衣、闔中、前左右領、適於某考、止朝夕哭、間服、斷杖棄之等詞句釋義。

文末附後記：「隆慶戊辰正月日，退溪先生弔哭於同姓四寸孫女，是日也成服，弘亦以其夫族隨之。先生詳晦庵之制，考楊氏之說，參之以時俗之宜，度之以長短之節，非但得喪服之宜，又便於受用，故退而錄之。以爲勿忘之備，兼示同志之人。是年二月初一日，門人李德弘謹錄。」李德弘（1541～1596），字宏仲，號艮齋，著有《艮齋集》。

9、鄭逑：《五服沿革圖》

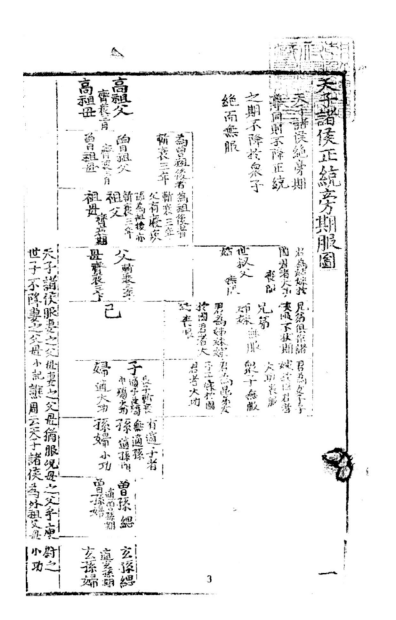

〔朝鮮〕鄭逑（1543～1620）：《五服沿革圖》，

密陽盧相稷大正十二年發行朝鮮顯宗五年（1664）舊鈔本。

全書不分卷，一冊。每半葉六行，每行十五字，注文小字雙行。全本高

二十二點七釐米，寬三十三點五釐米，四周單邊，無界格。附跋：「崇禎二年（1629）己巳暮春通政大夫行潭陽都護府使廣陵李潤雨（1569～1634）跋」。

是書爲寒岡鄭逑在丁巳之秋，從其門人李潤雨在蓬山溫井養療時，以《儀禮五服圖》爲藍本，參酌《喪服小記》、《家禮》、《曾子問》等說而著成。「參以歷代沿革之制，爲貼凡二十爲目，凡三十五圖」：天子諸侯正統服圖、君爲臣服圖、臣爲君服圖、臣從君服圖、公子服之圖、郡縣吏爲守令服、大夫降服或不降圖、己爲本宗服圖、爲人後者爲其本宗服圖、本宗爲爲人後者服圖、爲人後者之妻爲夫本宗服圖、女子子適人者爲其本宗服圖、己爲姑姊妹女子子女孫適人者服圖、姑姊妹女子子之子及內外兄弟相報服圖、丈夫婦人爲大宗服圖、己爲母黨服圖、母黨爲己服圖、十母服圖、妻爲夫黨服圖、殤服圖、妻爲夫外黨服圖、童子服之圖、己爲妻黨服圖、師友服圖、妻黨爲己服圖、稅服圖、妾服圖、無服爲位圖、爲妾服圖、弔服圖、妾子服圖、服術圖、庶子爲人後者爲其私親服圖、改葬服圖、繼父附圖。

鄭逑（1543～1620），字道可、可父，號寒岡、檜淵野人，朝鮮忠北清州人，李氏朝鮮中期著名的儒學家、政治家、性理學家，師從退溪先生李滉、南冥先生曹植。歷任持平校正郎、通川郡守、江原道觀察使、成川府使、忠州牧使、大司憲等職。所著禮學著作有《家禮輯覽補注》、《五先生禮說分類》、《深衣製造法》、《禮記喪禮分類》、《五服沿革圖》、《退溪先生喪禮問答》。

10、鄭逑:《寒岡先生四禮問答彙類》

寒岡先生四禮問答彙類卷之一

冠禮

擇日

仕卓爾體潭問正月內擇吉日云若正月內連有事故不得行禮則不可行於次月耶

漢惠帝去古未遠而以三月甲子冠焉則古之人亦有非正月而冠者矣

宿賓

宿賓或曰使賓薦宿或曰隔宿戒之俗言爲覆請也未知孰是

病進也宿者必先戒戒或不必宿其不宿者爲衆賓耳朱子答宿賓之問曰是戒宿也是隔宿戒之楊氏曰廣戒僚友之中又宿其可以冠子者

盖得其人宿而進之觀此文意則宿賓之義或可知矣

前日冠儀問目宿賓條答曰宿進也宿者必先戒戒不必宿其不宿者

〔朝鮮〕鄭逑（1543～1620）著、崔奎東（1882～1953）編：
《寒岡先生四禮問答彙類》，星洲檜淵書堂石刊本。

　　全書共計四卷，裝成乾、坤兩冊。半葉框高二十九點二公分，寬十九公分。四周雙邊，有界欄，每半葉十二行，每行二十八字。版心白口，上下兩葉花紋魚尾，版心中端題「寒岡先生四禮問答彙類」卷次，下方記葉次，首卷首行題「寒岡先生四禮問答彙類卷之一」，次行低一格題「冠禮」，第三行低二格題「擇日」。

　　全書分爲冠禮、婚禮、喪禮、祭禮四個部份，書中論述的喪禮條目有：主喪、喪人位次、襲、握手、銘旌、治棺、腰首絰、婦人喪服、成服、父在母喪、本生服、出後服、童子服、侍養服、庶母服、妾服、承重庶孽爲生母服、親前持期功服、疊遭期功持服、殯廳序立、上食奠、上食時扱匙正筋、朔望奠、聞喪、奔喪、營葬山運、祀土地、灰炭松脂、朝祖、發引、葬時當有告、柩衣、玄纁、翣、題主屬稱職銜、陷中、旁題、夫神主、妻神主、外家神主、兄弟神主、子女神主、妾神主、題主人服色、謝賓、合祔葬、返魂、侍墓、廬墓、虞祭、虞祭利成、虞卒哭變除、祔祭、初喪遇忌日、喪中忌祭、喪中節祀、喪中墓祭、喪中新墓祭、喪中省墓、葬時不遑自省舊墓、喪中祭先服色、喪祭拜禮、改葬祭非禮、練服、練奠、練後止朝夕食哭、朔望會哭、聞喪晚者祥未除服、追喪之非、追服、戰亡人服祥禫、心喪上朝夕食、並有喪葬禮、並有喪持服祭禮、服中死、嫁女主私親喪、因喪而冠、次子自行禫事、寓中禫事、速葬、改葬、改葬遣祖奠別撰告文、改棺、偕葬輕重先後、改葬玄纁明器銘旌、重服中縓服、改葬祭禮、改葬虞祭、改葬服、師友服、喪中弔慰、孤哀稱號、居喪毀瘠、居喪雜儀、方喪、國恤服制、商議禮曹啓目、國喪節目、答禮曹判書、答崔季昇、國喪奔哭、國恤私服、國恤私祀、國葬前不用肉、廟制、奉安位次、班祔、共一桌、祭儀、祭饌、齋戒、沐浴、祭酒、獻、祝版、闔門、燭、香桌、參謁、祭服、時祭、時祭卜日、禰祭、禰祭用九月十五日、忌祭、忌祭合祭考妣、閏月忌日、忌祭服色、忌日待客、紙榜、殤祭、俗節茶禮、薦新、茶、攝祀、兄弟神主一龕、宗子絕嗣、立後、無後神主、承重孽子所生親祭、外家奉祀、外黨祭、俗節遇忌日、寓中行祭、臨祭有喪、祭饌、傾覆不待處補、生辰祭、攝主不祭禰、朔望薦、朔望獻、祔主入廟、神主追改、支孫紙榜祭迎神、大祥前日告薦、心喪中與祭、家廟有災慰安、疊遭喪禫祭、父在母喪再期、練時節次、喪服弊破因練改造、國喪中脫服、婦人在他所哭而脫服。

11、鄭逑：《五先生禮說分類》

五先生禮說分類卷之一

禮總論

曲禮禮從宜使從俗○夫禮者所以定親疏決嫌

疑別同異明是非也○道德仁義非禮不成教訓

正俗非禮不備分爭辨訟非禮不決君臣上下父

子兄弟非禮不定宦學事師非禮不親班朝治軍

涖官行法非禮威嚴不行禱祠祭祀供給鬼神非

禮不誠不莊是以君子恭敬撙節退讓以明禮○

人有禮則安無禮則危故曰禮者不可不學也○

君子行禮不求變俗祭祀之禮居喪之服哭泣之

位皆如其國之故謹修其法而審行之○禮運禮

也者義之實也協諸義而協則禮雖先王未之有

可以義起也○禮器先王之立禮也有本有文忠

〔朝鮮〕鄭逑（1543～1620）：

《五先生禮說分類》，朝鮮李潤雨未知年代刊本。

全書共計二十卷，前集八卷，後集十二卷，共裝成十冊，明崇禎二年（1629）框高二十三點七公分，寬十九點七公分，版式行款：每半葉十三行，每行二十二字，四周雙邊，版心白口，雙花魚尾，中間記書名卷第，下方記葉次。首卷首行頂格題「五先生禮說分類卷之一」，最下端題「前集」，次行題「禮總論」，卷末有尾題，文前附作者自序：「萬曆辛亥朝鮮鄭逑二序」、「崇禎二年己巳仲夏生明後學玉山張顯光謹跋」。前集八卷目錄，「五先生禮說引取書目」凡四十八種，後集目錄，文末附李潤雨跋：「崇禎二年己巳季夏門人通政大夫行潭陽都護府使李潤雨再拜謹跋」。書中鈐有「國立中央圖書館收藏」朱文長方印、「練所」朱文方印、「具昌壽印」朱文長方印。是書以司馬光、張載、程顥、程頤、朱熹五先生禮說爲綱，兼輯《宋朝名臣言行錄》、《伊洛淵源錄》、《文獻通考》、《儀禮經傳通解》、《四書集注》、《通典》、《資治通鑑綱目》、《家禮儀節》、《家禮會通》、《顏氏家訓》、《事文類聚》、《鄉校禮輯》、《呂氏宗法》、《性理大全》，以及《韓昌黎集》、《柳先生集》等四十八種書籍。

是書所定基調爲士大夫之禮，與《家禮》不同，鄭氏自述曰：「若《家禮》之書，夫既盛行於當世矣，家無不有，人無不講。今復取而編入，則豈不爲重複而煩猥者哉！況《家禮》既爲一部成書，此書當不過考證羽翼而已，尤不合破彼而補此，此所以欲入而還止者也。」鄭氏認爲，金長生本朱子之說認爲禮當自士大夫始，故王亦當遵循之的觀點有待商榷，於是編訂《五先生禮說分類》，全書基本觀點爲古禮當區隔天子諸侯與士大夫之禮，二者可適用不同之禮。

是書喪禮部份每一條目之前比引三禮之說以理論之，後收五先生問答言論，收錄的條式有：喪祭總論、喪禮總論、疾病豫凶事、始死、復、立喪主、袒免、不食、銘、重、治棺、殯、不用浮屠、喪服總論、喪服制度、五服總論、五服稅服、君臨臣喪、刺史吏民喪、弔、奠賻、哀有喪、朔望、喪變禮、聞喪、奔喪之論凡兩條、卜兆〈附下穴昭穆圖〉、井槨之論凡四條、治葬之論凡二十一條、明器之論凡五條、翣靈之論凡三條、作主之論凡十七條〈附神主全圖〉、功布之論凡一條、飾棺之論凡十三條、啓殯之論凡兩條、朝祖之論凡三條、陳器之論凡兩條、遣奠之論凡四條、發引之論凡兩條、合葬之論凡五條、反哭之論凡五條、墳墓之論凡七條、廬墓之論凡六條、行狀之論凡兩條、誌石之論凡十條、墓表之論凡兩條、墓碑之論凡八條。葬變禮部份收並

有喪之論凡三條、返葬之論凡三條、旅葬至論凡三條、久不葬之論凡兩條、火葬之論凡五條、招魂葬之論凡三條、改葬之論凡五條、地風之論凡三條、虞祭之論凡七條、卒哭之論凡十條、門入私謚之論凡六條、諱狀之論四條、祔之論凡二十三條、練之論凡十五條、短喪之論凡三條、祥之論凡十二條、遷主之論凡六條、毀喪服之論凡兩條、禫之論凡十五條、喪畢合祭之論凡兩條、祧遷之論七條、居家雜儀之論凡三十一條、五服特喪之論凡二十四條、司馬公致賻奠狀式等條。

12、曹好益：《家禮考證》

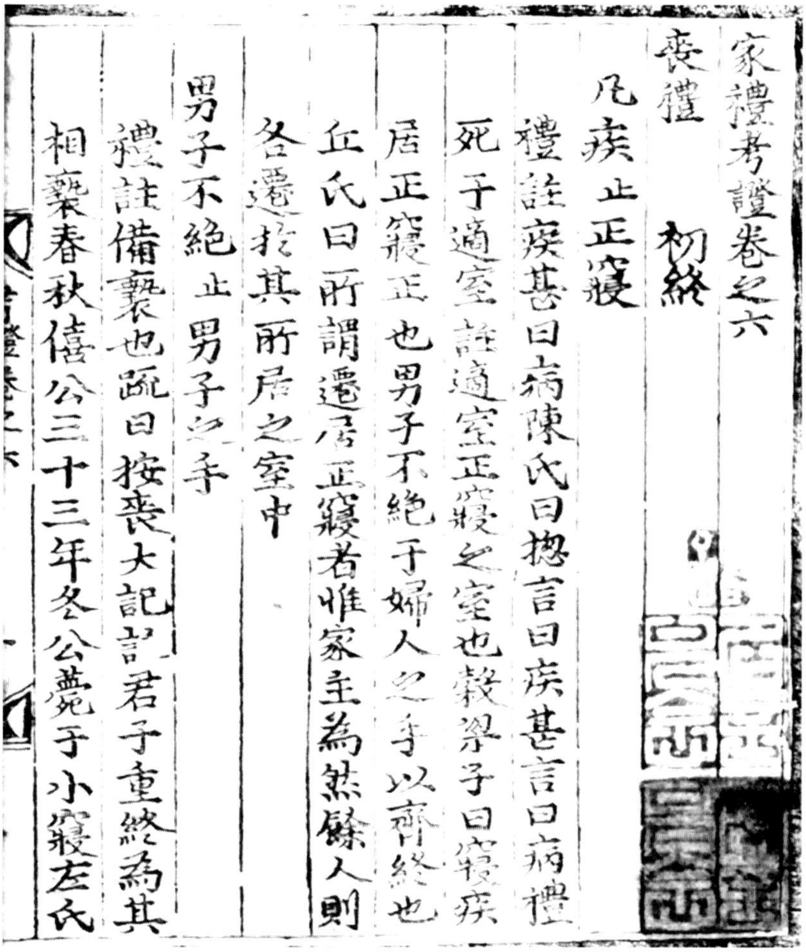
家禮考證卷之六

喪禮　初終

凡疾止正寢

禮註疾甚曰病陳氏曰揔言曰疾甚言曰病禮
死于適室註適室正寢之室也穀梁子曰寢疾
居正寢正也男子不絕于婦人之手以齊終也
丘氏曰所謂遷居正寢者唯家主爲然餘人則
各遷於其所居之室中

男子不絕止男子之手

禮註備褻也疏曰按喪大記記君子重終爲其
相褻春秋僖公三十三年冬公薨于小寢左氏

〔朝鮮〕曹好益（1545～1609）：
《家禮考證》，清順治三年（1648）朝鮮閔應協刊本。

　　全書共計七卷，裝成三冊。框高二十一公分，寬十八點二公分。有界欄，每半葉十一行，每行二十字，注文小字雙行，每行亦二十字，白口，雙花紋魚尾，版心中端題「家禮考證」卷次，下方記葉次。首卷首行題「家禮考證卷之一」，次行頂格題「序」，第三行題「儀章度數」，卷末有尾題。卷首附金潛谷先生埈（1580～1658）序跋：「丙戌九月下澣門人資憲大夫禮曹判書兼司知春秋館事世子右賓客金埈謹書」。現藏於臺北國家圖書館善本書室，書中鈐有「國立中央圖書館收藏」朱文長方印、「有酒齋」白文長方印、「名言允念」白文方印。

　　作者曹好益（1545～1609），字士友，號芝山。據《芝山先生文集》之〈年譜〉載，明萬曆三十七年，著《家禮考證》，未及成書，卒去。喪禮成服以下至祭禮，未及編成。後門人取先生手授金埈家禮冊子，板頭標識，輯錄續成。其弟子金埈在是書中介紹，因朱子《家禮》雖爲東國奉爲禮律，然而《家禮》之說，大多出於先聖遺經，舛辭奧義，學者卒難盡識，而其師芝山先生早年便對《家禮》「凡文字之難解者，事物之難究者，考其出處而明之，多引經史而證之，間亦附以己意，使後之學者，開卷瞭然，但喪禮自成服以下至於祭禮。則皆未及編摩」。金氏藏有《家禮》一冊。即其先師親自批點者。考出諸書，或書諸冊端，或記於別紙，皆其先生手筆，然欲收輯成書而未及爲。

　　是書別於朝鮮其他喪禮著述，作者摒棄單純之喪禮儀節陳述，而以條目名詞注釋爲全書基礎，即拈出《家禮》中之名詞，引他說或己見而注釋之，例如在〈司貨〉條註：「丘氏曰主財貨出入，親賓賻襚祭奠，或吏僕爲之，謂有官者也。」又如〈儐〉條註：「亦作擯，出接賓曰擯入，詔禮曰，相擯相一也，因事而異其名也，蓋替主人之禮者。」

　　書中有寢廟、朱子家廟五架之圖、祠堂三間之圖、祠堂一間之圖、大宗小宗之圖、丘氏大宗小宗之圖、諸侯五廟之圖、祠堂時節陳設家眾敘立之圖、深衣新圖、履新圖等圖錄。

　　柳松谷先生亦作《家禮考證》，收入其《松谷先生遺集》卷四至卷六。卷前有兩序「丙午流火節八溪鄭載圭序」、「己酉仲春己未後學咸安趙鎬來謹序」，卷末爲三跋「歲己酉三月日後學驪州閔致完謹跋」、「歲己酉閏二月日六代孫華永謹跋」、「己酉三月朔朝八世孫匡烈謹識」。是書論述的條目有通禮、祠堂、深衣制度、冠禮、婚禮、納采、納幣、親迎、喪禮、初終、小斂、大斂、成服、奔喪、治葬、虞祭、祔、小祥、大祥、禫、遞遷、居喪雜儀、改葬、祭禮、四時祭、初祖、禰、忌日、墓祭、土神祭。

13、金長生：《家禮輯覽》

家禮輯覽卷之一

家禮圖

圖

〔補註〕瓊山丘氏名濬謚文莊儀節是其所述曰按
文公家禮五卷而不聞有圖今本載于卷首不言
作者而圖註多不合於本書今數其大者言之通禮
云立祠堂而圖以為家廟一也深衣緇冠冠梁包武
而屈其末圖安梁於武之上二也本文黑履而圖下
註用白三也喪禮陳襲衣不用質殺而圖陳之四也
本文大斂無布絞之數而圖有之五也大斂無棺中
結絞之文兩圖下註結于棺中六也或問圖固非朱

〔朝鮮〕金長生（1548～1631）：
《家禮輯覽》，清康熙二十四年（1685）朝鮮刊本。

　　全書共計十卷，圖說一卷，裝成六冊，框高二十點一公分，寬十七點三公分，有界格，左右雙邊，每半葉六行，每行分兩行書寫，每行二十字，注文小字雙行，白口，雙花紋魚尾。版心中端題「家禮輯覽」卷次，下端記葉次。附金長生及其門徒宋時烈序：「萬曆己亥季秋光山金長生序」、「崇禎柟蒙赤奮若孟夏日門人恩津宋時烈謹序」。現藏臺北國立中央圖書館，書中鈐有「國立中央圖書館收藏」朱文長方印、「完山鹵叔」白文方印。

　　全書共四卷（一說六卷），首卷為〈初終〉、〈沐浴 襲 奠 為位 飯含〉、〈靈座 魂帛 銘旌〉、〈小斂 袒 括髮 免 髽 奠 代哭〉、〈大斂〉諸儀，次卷為〈成服〉、〈朝夕哭奠 上食〉、〈弔 奠 賻〉、〈問喪 奔喪〉諸儀，三卷為〈治葬〉、〈遷柩 朝祖〉、〈奠 賻 陳器 祖奠〉、〈遣奠〉、〈祭引〉、〈及墓 下棺 祠后土 題木主 成墳〉、〈反哭〉、〈虞祭〉、〈卒哭〉、〈祔〉、〈小祥〉、〈大祥〉諸儀、四卷為〈禫〉、〈居喪雜儀〉、〈致賻奠狀〉、〈謝狀〉、〈慰人父母喪疏〉、〈父母喪答人慰疏〉、〈祖父母喪答人啓狀〉、〈祭禮〉、〈四時祭〉、〈初祖〉、〈先祖〉、〈彌〉、〈忌日〉、〈墓祭〉諸法。附金氏自序，宋尤庵先生時烈後序，亦收於《宋子大全》卷一三九。

　　金氏之師栗谷先生李珥在其著之〈門人錄〉載：「備聞聖學之奧，潛心力行，自任甚重，先生期許特深，卒傳先生之統。有文集《經書辨疑》、《家禮輯覽》、《喪禮備要》、《疑禮問解》，有書院，肅廟朝，配享聖廡。」該書又附錄配圖，故又編為《家禮輯覽圖說》二卷。故金氏在《輯覽》自序中提到：取諸家之說，要刪纂註於逐條之下，編為一書，名以《家禮輯覽》，又為圖說。揭之卷首。然後此書名物俱舉。義意粗明。

　　金長生，字希元，號沙溪，諡號文元。漢城人，本貫光山金氏。是韓國李氏朝鮮的性理學者和政治人，哲學者，詩人，思想家。師從李珥、成渾、宋翼弼等人，其弟子宋時烈、宋濬吉、尹宣舉均為禮學大儒。金氏除《家禮輯覽》、《圖說》外，又著有《喪祭禮答問辨疑》、《典禮問答》，均收入《韓國歷代文集叢書》之《沙溪先生文集》。其子金集亦承其衣缽，在喪禮上多有發明，著有《疑禮問解續》、《古今喪禮異同議》等書。

14、金長生：《家禮輯覽圖說》

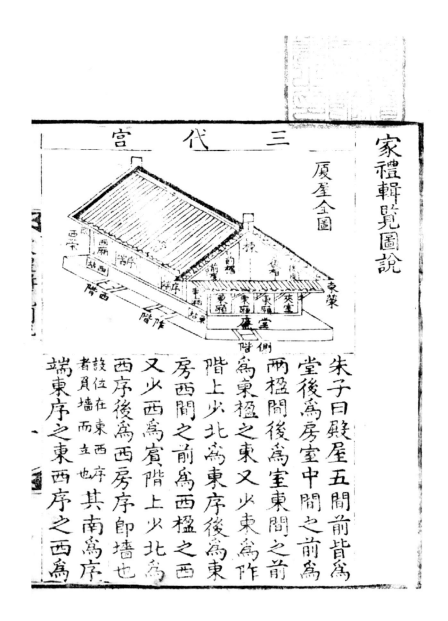

〔朝鮮〕金長生（1548～1631）：

《家禮輯覽圖說》，清康熙二十四年（1685）朝鮮刊本。

　　半葉框高二十點一公分，寬十七點三公分，有界格，左右雙邊，每半葉
六行，每行分兩行書寫，每行二十字，注文小字雙行，白口，雙花紋魚尾。
版心中端題「家禮輯覽」卷次，下放記葉次。附金長生及其門徒宋時烈序：「萬
曆己亥季秋光山金長生序」、「崇禎栴蒙赤奮若孟夏日門人恩津宋時烈謹序」。
現藏臺北國立中央圖書館，書中鈐有「國立中央圖書館收藏」朱文長方印、「完
山鹵叔」白文方印。

　　是書爲《家禮輯覽》之圖說部份，收錄三代宮廬圖凡五張：廈屋全圖、
屋殿全圖、廈屋五架圖、寢廟辨名圖、大夫立三廟於正寢東之圖；收錄三代
器用之圖凡百十二張：簠、簋、籩、豆、冪、登、鉶、鼎、鼎扃、鼎畢、鼎
冪、七、俎、鑊、釜、鬲、大尊、著尊、山尊、壺尊、犧尊、象尊、玉爵、
龍勺、爵、板、卣、斝、瓚、盤、幾、洗、篚、洗罍、度、衡、規、筐、槃、
斛、量、升、斗、筐、筥、篋、筍、榩、桃、瓠、匜、枰、圓壺、方壺、甕、
瓵、缶、甀、盆、盤、庾、籔、皮弁、毋追、委貌、冕、爵弁、章甫、弁、
纓、臺笠、掠頭、髦、櫛、緶、衣、裳、冕服、爵弁服、皮弁服、緣衣、婦
人褖衣、玄端、中單、羔裘、大帶、佩玉、綬、蔽膝、鎮圭、璋、璧、圭璋
繅藉、笏、璧玉繅藉、偪、履、紛帨、礪、金燧、木燧、鞶、縞衣、婦人服、
襜、縭、揥、巾、玉、瑱、童子紳、纓。

　　通禮與喪禮部份收錄圖錄爲：家禮總圖、祠堂全圖、祠堂一間圖、立祠
堂廳事之東圖、大宗小宗圖、正至朔日俗節出主櫝前家眾徐立之圖、望日不
出主圖、男女盛服圖（幞、衫、靴、大衣、帽子、衫、假髻、長裙、公服、
帶、背子）祭器圖（椅、桌、牀、祝板、環絞、盤、瓶、茶筅、茶盞、香爐、
匙、椀、碟、酒注、盞盤、火爐、臺、盥盆）受義圖、祇揖圖、展拜圖、揖
禮圖、拜孔圖、中指中節爲寸圖、深衣前圖、深衣後圖、著深衣前兩襟相掩
圖、深衣續衽鉤邊圖、裁衣前法、裁衣後法、曲裾裁制、曲裾縫製、曲裾成
制、大帶圖、黑履圖、冠梁作峘圖、緇冠、幅巾圖。疾病遷居正寢初終及復男
女哭擗圖、銘旌圖、棺蓋圖、棺下圖、棺全圖、棺虛簹高足圖、七星板圖、
秫圖、訃告書式、幎目、握手、襪、充耳、結帛、束帛、重圖、遷尸沐浴襲
奠爲位飯含、卒襲設靈座親厚入哭圖、錦帛黼翼、玄冒黼殺、掩圖、舒絹、
銘旌跗、柩衣、小斂之圖、依廬圖、大斂之圖、立銘旌設靈床及奠之圖、五
服衰冠升數、裁闊領四寸圖、反摺闊領四寸爲左右適圖、裁加領圖、反摺向
前圖、裁衽圖、兩衽相疊圖、加領於衣前圖、加領於後圖、裳制、喪服總圖、

斬衰冠、齊衰冠、大功冠、小功冠、緦麻冠、蓋頭、斬衰首絰、齊衰首絰、斬衰腰絰、斬衰絞帶、小功以下腰絰、齊衰以下絞帶、苴杖菅履、削杖疏履、本宗五服之圖、三父八母圖、三殤降服之圖、外黨妻黨服之圖、妻爲夫黨服圖、出嫁女爲本宗降服圖、己爲姑姊妹女子女孫適人者服圖、丈夫婦人爲大宗服圖、大夫降服或不降圖、妾服圖、爲人後者爲本宗降服圖、五服沿革圖、五服變例式假圖、修名刺式、慰大官門狀式、慰平交門狀式、弔祭祝文式、弔者入靈座奠退弔主人圖、奔喪者至家入門詣柩前再拜變服就位哭泣圖、四腳巾圖、聞喪而未得行則爲位哭、告后土氏祝文式、掘兆告后土氏之圖、築灰隔及內外蓋圖、誌石圖、筲圖、簀圖、甖圖、大轝圖、竹格圖、柳車圖、黼翣、黻翣、雲翣、神主全圖、神主前式、神主後式、櫝坐式、櫝蓋式、趺式、韜縫式、虞主、內賈、外賈、藉式、倚几、奉柩朝祖遂遷於廳事圖、輀軸圖、方相、魌頭、藏明器下帳筲簀甖誌石圖、題主祝文式、發引之圖、功布、豐碑古制、五禮儀壙口長槓上去橫槓下棺圖、五禮儀壙內椁上去橫槓下棺圖、今制金井機上下各立柱用轆轤下棺圖、及墓下棺祠后土題木主之圖、墳圖、碑前圖、碑後圖、反哭受弔之圖、三虞卒哭祔及小祥大祥禫祭祝文式、虞祭陳器設饌之圖、祔祭於祠堂圖、禫祭卜日於祠堂圖、時祭卜日圖、正寢時祭之圖、時祭每位設饌之圖、堂中初祭祖之圖、尺式。

15、金長生：《喪禮備要》

〔朝鮮〕金長生（1548～1631）：

《喪禮備要》，崇禎四年戊申春嶺營改刊本。

全書分上下冊，每冊一卷，前文附圖。框高二十一點四釐米，寬十八點九釐米。有界欄，每半葉八行，每行二十一字，注文小字雙行，內文有黑底白字。版心白口，上黑魚尾，紅線五針綴線裝，楮紙。版心上表題「喪禮備要」，書根題「喪禮」，首卷首行題「喪禮備要上」，次行第二格題「初終之具」，卷末有尾題，書中天頭處有墨筆批註。封面書面題書名「喪禮」；內文前附作者自序：「萬曆庚申季夏光山後人金長生序」；小識「戊子季冬不肖孤集泣血書」；凡例四條；圖錄一百十三幅；第二冊扉頁有墨筆小字記七行小字，爲一段祝文式；文末附申欽跋「天啓元年歲舍辛酉孟冬上澣密陽後人申欽書」；跋後爲牌記：「崇禎四戊申春嶺營改刊」。書中鈐有「龍谷大學藏書」朱文長方印。現臺北國家圖書館善本書室藏有《喪禮備要》清順治五年（1648）朝鮮刊本，框高二十一公分，寬十八點四公分，每半葉十行，每行十八字，版心白口，內向雙花魚尾，其餘皆同。卷一末行記「歲己巳孟夏咸營重刊，朴昌楷謹書」，末葉牌記題：「歲己巳孟夏咸營重刊」、「歲己巳夏咸營重刊，朴昌楷謹書」。現藏於臺北國立中央圖書館，書中鈐有「國立中央圖書館收藏」朱文長方印、「王氏二十八宿研齋祕笈之印」朱文長方印、「恭綽」朱文方印、「遐庵經眼」白文方印、「玉父」白文長方印。

是書原爲金長生好友申義慶所編，後由金氏改定，《沙溪先生遺稿》之〈答申敬叔〉中有載：「此中《喪禮備要》，亡友申生義慶所著者，而僕爲之改定。」柳長源之《常變通考》亦云此書乃沙溪因申氏所輯修飾之。「仁祖二十六年戊子，沙溪子獨愼齋金集，始以付剞劂。其書不分卷，都爲一冊，大旨以冠昏喪祭四禮，通乎吉凶之需，爲有家日用之禮。唯禮之爲用，易行於平閒吉常之時，而多失於急遽凶變之際，苟非素所講習，實難合宜而應節，故喪祭之禮在四禮之中爲尤重且切。」是編祖述《文公家禮》，博考經籍，參酌古今諸家之說，添補時俗日用之制，自初喪至葬祭，一切儀式靡不備述。而以祠堂、神主、衣衾、衰絰及五服、喪具、發靷、成墳、立碑，受弔、陳饌等圖說附之卷首。

圖例部份收錄圖式凡一百十三幅：祠堂全圖、祠堂龕室之圖、立祠堂於正寢之東圖、正至朔日俗節出主櫝前家眾敘立之圖、深衣前圖、深衣後圖、著深衣前兩襟相掩圖、深衣續衽鉤邊圖、大帶圖、黑履圖、冠梁作帆、緇衣圖、幅巾圖、平鋪作□圖、斜縫向左綴帶圖、裹頭垂帶圖、疾病遷尸正寢初終及復男女哭擗圖、棺蓋、棺下、棺全圖、七星板、銘旌圖、幀目圖、握手圖、

伸指量寸法圖、屈指量寸法圖、結帛、束帛、遷尸沐浴襲奠爲位飯含卒襲設靈座親厚入哭圖、小斂之圖、凳圖、跗圖、柩衣圖、□圖、玄冒黼殺、緇冒□殺、依盧圖、陳大斂絞衾布衾圖、大斂之圖、立銘旌設靈牀及奠之圖、裁辟領四寸圖、裁加領圖、加領於衣前圖、加領於衣後圖、反□辟領四寸爲左右適圖、反摺向前圖、裁衽圖、兩衽相疊圖、裳制、喪服總圖、斬衰冠、齊衰冠、大功冠、小功冠、緦麻冠、蓋頭、斬衰首絰、齊衰首絰、斬衰腰絰、小功以下腰絰、斬衰絞帶、齊衰以下絞帶、苴杖菅履、削杖疏履、本宗五服之圖、三殤降服之圖、三父八母服之圖、外黨妻黨服之圖、妻爲夫黨服之圖、出嫁女爲本宗降服圖、妾服圖、爲人後者爲本宗降服圖、聞喪未得行爲位哭圖、弔者入靈座哭奠退弔主人圖、志石圖、掘兆告后土氏之神之圖、築灰隔及內外蓋圖、四腳巾圖、苞圖、筲圖、□圖、大轝圖、竹格圖、翣翣圖、雲翣圖、神主全式、神主式圖、神主後圖、趺式、櫝坐式、櫝蓋式、韜縫式、藉、藏明器下帳苞筲□誌石圖、四目爲方相、兩目爲魌頭、奉柩朝祖遂遷於廳事之圖、五禮儀壙口長槓上去橫槓下棺圖、功布圖、豐碑古制之圖、發引之圖、五禮儀壙內梆上去橫槓下棺圖、今制金井機上下各立柱用轆轤之圖、及墓下棺祠后土題木主之圖、成墳圖、碑前圖、碑後圖、反哭受弔之圖、虞祭陳器設饌之圖、祔祭於祠堂之圖、正寢時祭之圖、時祭每位設饌圖、周尺。

　　全書共計載喪、祭禮條目凡七十三條，其中上卷載喪禮條目凡二十九條：初終之具、易服之具、治棺之具、訃告書、遷尸之具、沐浴之具、設水之具、襲具、飯含之具、奠具、爲位之具、靈座之具、魂帛之具、銘旌之具、小斂之具、環絰之具、奠具、括髮免髽之具、絰帶之具、大斂之具、成殯之具、靈牀之具、成服之具、弔者致奠賻狀、謝狀、慰人父母亡疏、慰人祖父母亡啓狀、祖父母亡答人啓狀、奔喪之具。

　　下卷載喪祭禮條目凡三十四條：開塋域祠土地之具、穿壙之具、窆葬之具、治葬、擇日開塋域祠土地、朝祖之具、發引之具、祠土地之具、題主之具、成墳之具、虞祭之具、卒哭之具、父母亡答人慰疏、祔祭之具、小祥之具、大祥之具、禫祭之具、吉祭之具、改題主告辭、出主告辭、合祭埋主祝、合祭主以上祝、合祭新主祝、改葬之具、開塋域祠土地祝、祠堂告辭、啓墓告辭、祠堂之儀、參禮之具、有事告辭時祭之具、歸胙所尊書、所尊復書、忌日祭之具、墓祭之具。

　　朝鮮學者宋能相在其《雲坪集》中又作《喪禮備要紙頭私記》二卷，大

略部份爲：喪禮備要圖第一張祠堂圖、第三張緇布冠圖、第四張初終圖侍者
復畢、第五張設靈座之圖、第六張冒圖倚廬圖大斂之圖、第十張外黨服之圖
妻爲夫黨服圖、第十二張弔喪圖掘兆告后土之圖、第十六張成墳圖、第十八
張時祭之圖；圓衫、復者、戴氏變除、後世用鐵釘、從室之位、俗箭、家禮
沐浴之制、陳註、襲奠、主人左袒、銘旌、葬前、環絰、張絞帶、絞帶麻、
玉藻、卑幼者皆再拜、設釘、朝夕奠、巾絰果、弔服、義服、大功以上親、
期九月之喪、設奠於室中、徹朔奠、喪無二主、哭殯則杖、出外死者、虞杖
不入於室、受胙是神之事、卜筮皆有職官、繼禰之宗當云皇考。

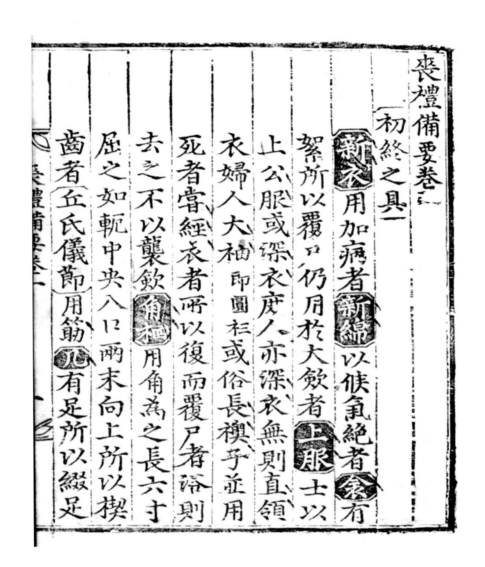

清順治五年（1648）朝鮮刊行之《喪禮備要》。

16、金長生：《疑禮問解》

疑禮問解卷之一

家禮圖

問五服圖前面下方所論本生父母亦為之降服不杖期是何意義　黃宗海

答喪服不杖期章可攷家禮圖與鄭道可沿葦圖皆本此而言

喪服不杖期章為人後者為其父母報疏言報者既深抑之使同本疏往來相報之法故也　既按

問服制圖父之姊妹不杖期而嫁則降小功日往來相報則本生父母之服不杖期為之為矣也亦當如兄弟之子服不杖期

服制圖
為出繼
子降服
期

服制圖
誤展

〔朝鮮〕金長生（1548～1631）：《疑禮問解》，清康熙間朝鮮刊本。

是書半葉框二十點六公分，高十四點五公分，上欄高兩公分，全書共計四卷，續一卷，書中附圖錄。正文卷端題「疑禮問禮卷之一」。序：「歲舍丙戌十月日安東金尙憲序」。跋：「歲舍癸宋杪夏上浣平山後人申翊聖謹識」，「癸未仲春既望德水後學李植拜書」。上欄每行三字，下欄每半葉十行，每行十九字，注文小字雙行，字數同，雙欄，版心白口，雙花魚尾，版心中端題「疑禮問解」卷次，下方記葉次。首卷首行題「疑禮問解卷之一」，次行低一格題「家禮圖」。現藏於臺北國立中央圖書館，書中鈐有「國立中央圖書館收藏」朱文長方印、「王氏二十八宿研齋祕笈之印」朱文長方印、「恭綽」朱文方印、「退庵經眼」白文方印、「玉父」白文長方印。

家禮圖問解凡七條〈服制圖爲出繼子降服期、服制圖誤處、翣制之誤、神主皇顯字義、韜籍、韜制、韜籍紫緋之義〉；附註、附註編入；通禮祠堂問解凡兩條〈殿屋廈屋之制、後寢〉；四龕奉主問解凡兩條〈前後室配祭、庶人亦祭及高祖〉；宗法問解凡十條〈七十老二傳、長子無後次子之子傳重、立後者必聞官、立後後己生子、長子繼後則次子不宜奉祀、兄亡弟及後兄妻立後、獨子爲大宗後、次孫承重死後嫡孫妻及次孫妻皆立後、良妾子奉祀、本生親稱號〉；班祔問解凡八條〈承重長子無後班祔、班祔分排、祔位坐次、姪之父自立祠堂、三殤立主、殤喪虞後班祔、三殤之祭、本生親神主無主祭者姑祔於祖廟〉；別室藏主問解凡三條〈祭三代家玄孫承重而高祖母在則別室祭高祖、無後姑姊妹神主祭之別室、妾母祭所及稱號〉；晨謁問解凡一條〈主人不在餘人不可獨行晨謁〉；出入告主問解凡一條〈瞻禮唱諾〉；參問解凡七條〈重行序立、出主、儀節四拜、先降後參先參後降之別、帽子、假髻、特髻〉；俗節問解凡兩條〈四節墓祭并參家廟、生辰〉；有事則告問解凡四條〈贈職宜後書、焚黃、告事或不用祝、孝玄字義〉；祠堂火問解凡一條〈家廟焚改神主〉；遞遷問解凡十四條〈最長房之子雖親未盡當遷於次長房、最長房當改題祧主、最長房不能奉祧主則宗子仍安於別室、宗子死後叔父奉祀則祧主當還於祠堂、最長房祭祧主時親盡宗子位次、最長房之義、庶孽爲最長房、不遷之位、親盡祖封勳不遷次勳當遷、始封勳者不遷次勳當遷、遠代不遷位稱號、深衣制度、裁裳之制、幅巾〉；居家雜儀問解凡兩條〈教之自名、妻父母稱號及自稱〉。

17、李恒福：《四禮訓蒙》

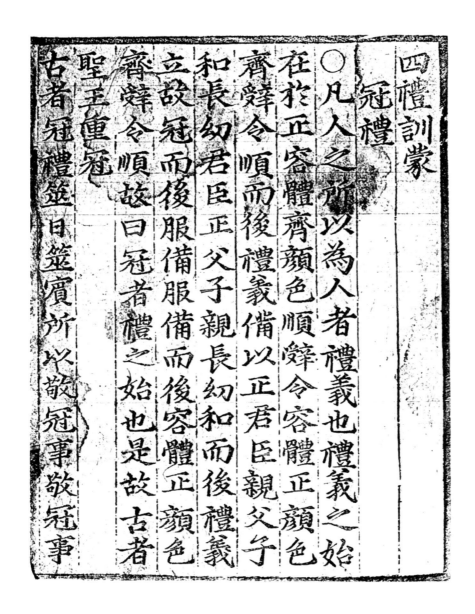

〔朝鮮〕李恒福（1556～1618）：

《四禮訓蒙》，朝鮮顯宗十五年（1674）刊本。

　　全書不分卷，一冊。每半葉框高二十二點五，寬三十五釐米，全本框高三十二點五釐米，寬二十一點五釐米。有界欄，每半葉十行，每行十六字，注文小字雙行，首卷首行題「四禮訓蒙」，次行題「冠禮」。四周雙邊，版心白口，內向花魚尾，版心內題「四禮訓蒙」，下方題葉次。文首附作者自序，文末附跋「崇禎甲寅（1674）時顯得州於茲道重刊之甲子適一周矣三復遺編歲抄秋孫通政大夫行星州牧使尙州鎮管兵馬同僉節制使〔李〕時顯敬書」、「天啓壬戌多光山金止男跋」、「萬曆甲寅（1614 年）白沙老人跋」。是書現藏於韓國精神文化研究院，書中鈐有「李王家圖書之章」、「韓國精神文化研究院藏書印」朱文方印。

　　該書參考《奉先雜儀》、《三禮》等書，作者以「家禮是儀而非禮，因禮不言戚，且祭主於敬」的治禮觀點，分冠、婚、喪、祭四篇。取禮經諸要語編輯成冊。收錄冠禮凡八章；婚禮凡十四章；喪禮凡一百十章，其中總敘三十五章、初終十六章、襲十章、小大斂七章、成服二十四章、葬十八章；祭禮凡五十章，其中祭本凡六章、祭論凡十四章、齋戒凡五章、祭儀凡四章、降神凡九章、祭饌凡五章、餕凡三章、攝祭凡四章。

　　全書論述喪禮的條目有：初終、雞斯徙跣扱上衽交手哭、不食、哭父母有常聲、復、立喪主、治棺、訃告於親族、襲奠、朝夕奠、飯含、銘旌、小斂、大斂、袒免、帷殯、成服、爲杖、聞喪、奔喪、祖奠、遣奠、鬼神之名、禮莫重於祭、孝子將祭、祭祠之禮、君子大牢而祭、及時將祭、致齋於內散齋於外、孝子之祭、祭用氣血、納牲詔於庭、血毛詔於室、羹定詔於堂、鋪筵設同几爲依神、血祭、變豆之薦、爲俎、祭宗廟之禮、祭有餕。

　　作者談喪禮「訓蒙」，蓋「余疾夫少子蒙士，每當祭時，登降拜俯，從長者而已，漫不知爲何義。謹採古經祭義，欲寫爲屏，庶詰朝之事，張以寓目，領略其萬一。蓋朱文公《家禮》所載，莫非日用之常，而大抵皆數也，後得晦齋先生《奉先雜儀》，與余所去取者，一一符合，然後因喜余向所窺管古人，不大汗格，於是遂并取三禮要語，編成一書，名日《四禮訓蒙》。」書原舊刊於安東，復刻取舊版略訂舛訛脫落之處，成書於萬曆甲寅而天啓壬戌入梓金龍溪。

18、李恒福：《家禮附贅》

家禮附贅卷第三

容禮

初終 [校訂] 初終謂始死也儀禮有始死之
節初終之名始於開元禮家禮從之

疾病遷居正寢

凡疾病遷居正寢內外安靜以俟氣絕男子不絕於婦
人之手婦人不絕於男子之手 按士喪記寢東
首於北牖下

司馬公曰疾病謂疾甚時也近世孫宣公臨薨遷于
外寢蓋君子謹終不得不爾也 ○高氏曰廢牀寢於
地註人始生在地故廢牀寢於地庶其生氣之復也
○劉氏璋曰凡人病危篤氣微難節乃屬纊以俟氣
○絕纊乃今之新綿易為搖動置口鼻之上以為候氣
絕丘氏曰遷居正寢惟家主為然餘人則各遷於其
所居之室中

〔朝鮮〕李恒福（1556～1618）：
《家禮附贅》，朝鮮顯宗十五年（1674）木活字刊本。

　　全書共計六卷，三冊。半葉框高二十二點五釐米，寬三十五釐米，全本框高三十二點五釐米，寬二十一點五釐米。有界欄，每半葉十行，每行二十二字，注文小字雙行。四周雙邊，版心白口，內向花魚尾，版心內題「家禮附贅」卷次，下方題葉次。首卷首行題「家禮附贅」，次行題「通禮祠堂」，卷末有尾題，書中有墨圍。文首附《家禮》序及安氏序「崇禎元年戊辰冬十月戊子漢南安訊序」，序後爲校訂凡例八則，凡例後爲引用書目、目錄，文末附跋「戊寅臘吉宗人後學鼎福謹識」、「己亥四月中浣十世孫尙鎭敬識」。是書現藏於韓國精神文化研究院，書中鈐有「李王家圖書之章」、「韓國精神文化研究院藏書印」朱文方印。

　　是書卷之一爲通禮，卷之二冠、婚禮，卷之三至卷之五爲喪禮，卷之六爲祭禮，每卷皆有「附贅別錄」。喪禮部份收錄的條目有：初終、沐浴襲奠爲位飯含、靈座魂帛銘旌、小斂祖括髮免髽奠代哭、大斂、〈補〉成殯、成服、朝夕哭奠上食、弔奠賻、聞喪奔喪、〈補〉朝廷賜祭儀、喪服新增、本宗五服解、外族服解、妻爲夫黨服解、出後子爲所後服解、大夫爲士庶降服解、〈補〉服解、式假、治葬、遷柩朝祖奠賻陳器祖奠、遣奠、發引、下棺祠后土題主成墳、返哭、〈補〉改葬儀、〈補〉返葬儀、〈補〉合葬儀、〈補〉招魂返家儀、〈補〉大舉靈車腰舉祭器制度、虞祭、卒哭、祔、〈補〉朔奠節祠儀、〈補〉朝夕上食、小祥、大祥、禫、〈補〉遞遷吉祭儀、祧埋、居喪雜儀、致賻奠狀、慰人疏狀。祭禮部份收錄的條目有：四時祭、禰、〈補〉生日祭考妣儀、忌日、墓祭、〈補〉榮墳儀、〈補〉墳墓加土儀、〈校訂〉〈補〉改莎儀、〈校訂〉〈補〉石物告墓儀、〈校訂〉〈補〉墳墓火熨安儀。

　　卷末繪有祠堂三龕之圖、正寢時祭之圖、時享禰祭設饌之圖、正至俗節設饌圖、行冠禮圖、昏禮親迎圖、婿婦交拜同牢之圖、婦見舅姑之圖、襲含哭位之圖、小大斂魂帛治棺圖、喪服闊領裁衽制裳圖、加衣領適衰負版圖、喪冠首経圖、孝巾腰経圖、成殯設几筵男女哭位圖、朔日設饌之圖、喪服深衣後面圖、喪服深衣前面圖、黼黻雲翣之圖、神主全式陷中之圖、主櫝坐式蓋式之圖、主櫝全式圖、周尺及營造布帛尺圖、返魂几筵設位圖、虞卒哭祥祭設饌圖。

　　李恒福（1556～1618），漢城人，自號白沙，歷任禮曹佐郎、戶曹參議、都承旨、兵曹判書等職務，著有《白沙集》。

19、金集：《疑禮問解續》

疑禮問解續

家禮圖

大斂橫絞十五片之誤

問大斂橫絞高氏既曰取布二幅裂為六
片而用五則圖所以別作十五者何義之金
白

答圖作十五片者無據

嫂則別憂之疑

問嫂則別憂後其子私祭之云云嫂既有
子則似非宗子之所主別憂與否恐不可
論也金之白

答鄙亦致疑無乃刪節之誤耶不然則宋時次

〔朝鮮〕金集（1574～1656）：《疑禮問解續》，朝鮮木活字刊本。

全書共兩卷，一冊。四周雙邊，有界欄，每半葉十行，每行十八字，四周雙邊，版心白口，上下花魚尾，版心中端題「疑禮問解續」。首卷首行題「疑禮問解續」，次行低一格題「家禮圖」，卷末有尾題。

是書續編收錄條式有：家禮圖續問解凡一條〈大斂橫絞十五片之誤〉、通禮宗法續問解凡四條〈□則別處之疑、庶子承重之節、長子次子傳重之節、國法庶子不得承宗祀〉；參續問解凡四條〈朔望共一器、朔望排盞斝器、祭器、有事則告新物之薦不宜留待〉；祠堂火續問解凡三條〈喪服中祠堂火改題主時變服、未題主時設位三日、未題主時祭〉；遞遷續問解凡四條〈最長房有祖禰同奉一廟及改旁題、最長房庶嫡先後、遞遷時遺衣服亦隨而遷、始祖親盡之祭〉；深衣續問解凡一條〈大帶之圖〉；冠婚禮續問解凡兩條〈冠禮父母婚禮主婚異同、醮子〉；初終襲續問解凡三條〈婦人襲具、朋友飯含之節、父在主庶子庶婦之喪〉；小斂續問解凡兩條〈舒絹疊衣、布頭巾〉；大斂續問解凡兩條〈大斂絞布、大斂畢留兩婦人〉；成服續問解凡二十一條〈絞帶、経帶絞帶并帶、出入只帶絞帶、子與父孫與祖不可同杖、履制、嫡孫未承重而亡又已移宗其婦不當服承重服、長子廢疾服、爲適婦適孫兄弟之爲父後者服、出嫁姑爲姪長殤、慈母服、庶母服、承重妾子之子爲其父之所生母服、次庶子爲所生母喪、外祖父母收養服、有服之親收養不加服、舅妻之有情義者服總後心喪、五服相弔、心喪服、爲人後者爲所後外族服、喪服見失改制、并有喪諸節〉；奠上食續問解凡五條〈三年內朔望奠不宜三獻、葬前遇先忌素饌、三年內几筵不行時祭、喪中左右奠、父母之喪在殯昆弟死用素〉；弔續問解凡四條〈弔禮答拜之節、期功異居受弔之節、葬時壙所拜賓、喪人在佗所受弔之節〉；遣祖奠續問解凡四條〈祖遣間上食〉；發引續問解凡六條〈翣用數、死於佗所發引歸家、祖奠不可再行、啓殯、垂至卒哭廻絞、并有父喪祖母喪引葬先後〉、題主續問解凡六條〈權厝題主、虛葬題主、魂帛終三年、無子之喪題主、殤喪作主、殤喪埋主〉、改葬續問解凡十二條〈改葬虞祭哭廟、母喪未葬改父葬服總、母喪未葬改父葬几筵各設、改葬朝墓、發引下棺時總服、下棺先輕後重、舊喪一虞、一虞後新喪題主、改葬虞祭當行於墓所、改葬時新喪几筵奠代行、改葬總服變除、禫祭改葬諸節〉。

20、金集：《古今喪禮異同議》

古今喪禮異同議

顧命

周書維四月哉生魄王不懌甲子王乃洮頮被冕服

憑玉几召大保芮伯彤伯畢公衛侯毛公師氏虎臣

百尹禦事王曰嗚呼疾大漸惟幾恐不獲誓言嗣茲

予審訓命汝額

五禮儀上不豫設幄帳補衾於思政殿內侍扶相

外興出御幄几王世子大臣等同受顧命訖大臣

等退作傅位遺教

臣按檀弓扶君卜（儐）人師扶右射人師扶左君

〔朝鮮〕金集（1574～1656）：

《古今喪禮異同議》，朝鮮木活字刊本。

　　《疑禮問解續》後收錄金氏另著《古今喪禮異同議》不分卷。是書以古禮爲參酌，以朝鮮國恤爲見異同，如有可議者，則引他條佐證之，收錄自「初終」至「吉祭」部份：顧命、初終、復、易服不食、始死奠、戒臣民、遷尸楔齒綴足帷堂、命赴、哭位、受含襚幣玉、爲銘、陳沐浴襲、明衣、飯含、冰盤之具、沐浴、襲飯含、靈座、設銘旌、告社廟、陳小斂衣典、具環絰、小斂、袒、括髮、免、髽、奉尸夷於堂拜賓、襲帶絰小斂奠、代哭、設燎、陳大斂衣及殯奠之具、徹小斂奠、大斂、殯、成服、陳寶器、倚廬、朝夕哭、朝夕奠、朔月月半殷奠、卜宅、井槨、獻明器、卜葬日、陳朝祖奠、啓、朝祖奠薦車馬、飾棺、陳明器、祖奠、謚、遣奠、柩行、至壙、窆、作主、虞、反哭、罷朝夕奠、卒哭、祔、練、大祥、禫、吉祭等條目。

　　李景奭（1595～1671）又著《古今喪禮異同論》一卷，收入《韓國文集叢刊》之《白軒先生文集》，是書爲李氏承聖命據金集《古今喪禮異同議》之注釋稿，「不敢泛以不知爲解。輒陳管見而謹就其條目之緊切者。附以杜撰之說。頗覺繁宂。不可以一紙寫了。茲用錄諸小冊。以便睿覽。」其條目與《古今喪禮異同議》同，每條先列《議》之條目，再著己見。

　　金集（1574～1656），字士剛，號愼獨齋、愼獨，諡號文敬，朝鮮漢城人，本貫光山金氏。韓國李氏朝鮮著名性理學家、哲學家、政治家、詩人，朝鮮士林派政治人物、西人黨領袖，碩儒沙溪先生金長生之子，宋時烈、宋濬吉、尹宣舉之師。著有《愼獨齋集》。

21、姜碩期：《疑禮問解》

宋子序
交兩病
之義

月塘先生別集卷之一

疑禮問解上

家禮序

問家禮序某之愚豈兩病焉所謂兩病者未詳其指

答此兩病所見各異退溪以爲自遺其本至急於

文一病自有志至及於禮也一病或人以爲自

三代之際至一時之法一病自然亦或詳至及於

禮也一病而愚則以爲自有志至其要一病自困

於貧窶至及於禮也一病未知是否以愚伏日兩然

病先生後以此爲得

〔朝鮮〕姜碩期（1580～1643）：

《疑禮問解》，活字本板（印書體大活字）。

　　全書共計兩卷，一冊，四周單邊，每半葉框高二十一點三釐米，寬十三點七釐米，有界格，每半葉十行，每行二十字，注文小字雙行，上白魚尾，全本框高二十九點二釐米，寬十八點一釐米。序：歲舍戊寅申翊聖謹識；跋：鄭弘溟跋。是書收錄的條式爲，祠堂：宗法之論一條、班祔之論兩條、晨謁之論一條、參問之論四條、俗節之論一條、有事則告之論兩條、遞遷之論兩條、不遷之位之論一條冠禮之論一條、婚禮之論三條。喪禮：主婦之論兩條、治棺之論一條、襲之論四條、飯含之論一條、銘旌之論一條、小斂之論三條、成服之論四條、斬衰之論三條、齊衰之論五條、并有喪之論八條、杖期之論兩條、大功之論一條、小功之論一條、緦麻之論一條、變除之論一條、上食之論兩條、弔之論兩條、奔喪之論兩條、治葬之論三條、遷柩之論一條、朝祖之論一條、窆之論兩條、題主之論五條、返哭之論一條、改葬之論五條、虞之論兩條、卒哭之論一條、小祥之論四條、大祥之論四條、禫之論六條、時祭之論九條、初祖之論三條、忌日之論七條、墓祭之論六條。

22、許穆：《經禮類纂》

〔朝鮮〕許穆（1595～1682）：
《經禮類纂》，明代朝鮮木活字刊本。

　　全書共計五卷，裝成三冊，高二十點四釐米，寬十七點一釐米。四周單邊，有界欄，半葉十行，每行二十二字，注文小字雙行，版心白口，內向花紋魚尾，版心中端題「經禮類纂」卷次，下方記葉次，首卷首行題「經禮類纂卷之一」，次行低一格題「喪禮」，第三行低兩格題「初終之禮」。

　　卷之一至卷之四爲喪禮，卷之五爲祭禮，喪禮部份收錄的條目有：初終之禮，主喪、復、行死事、訃、沐浴、襲、飯含、擗踊、括髮、免髽、緦笄、憑尸、拜稽顙、明衣、掩、握手、冒、夷衾、銘旌、重、几筵、奠、小斂、大斂、成殯、成服、受眚災、備凶事、掌事、遣車、明器、棺、殯、飾棺、槨、葬、豐碑、恒楹、葬殤之禮、墳墓、祔葬、卜筮、服術、絰、杖、冠、笄、衰、履、五服、殤服、師友服、稅服、啓殯、朝祖、遣奠、諡、誄、發引、窆、贈、反哭、虞、卒哭、諱、祔、練、歸胙之禮、祥、禫、君薨而世子生、除喪、過時不除、喪廢祭、處凶喪之禮，弔上、弔下、諸侯致弔含襚贈臨之禮、適有喪、聞喪、居喪之禮、居喪側之禮、喪在外、并有喪、連有喪、父不葬、旅葬、主國之喪、賓客之喪、庶人之喪。

　　是書所羅列的喪禮條目，基本上沒有超出前代喪禮學家關注的研究範圍，但該書的特點在於，每一種條目，均用三禮所述相關條目，合爲一類，其引用的篇目有《周禮》、《儀禮》及《禮記》之〈士喪記〉、〈喪大記〉、〈奔喪〉、〈喪服小記〉、〈雜記〉、〈檀弓〉、〈曲禮〉等編目。每一條目搜羅的經禮數目不一，少則一二種，多則十數種，每一種均能論證喪禮所列條目。作者在每一種引述後又加詮釋。如「主喪」條，作者引〈服問〉：「君所主夫人妻子適婦」，註釋曰：「夫人妻，君之適妻」。引〈奔喪〉：「凡喪，父在父爲主。父沒，兄弟同居，各主其喪。親同，長者主之；不同，親者主之。」註釋則曰：「父在，子有妻子之喪，父主之，統於尊也。父沒，兄弟雖同居，各主妻子之喪。親同，長者主之者，父母之喪，長者爲主；不同，親者主之者，從父兄弟之喪，則彼親者主之。」云云。

　　許穆（1595～1682），字文甫、和甫、號眉叟、臺領老人，諡號文正，李氏朝鮮後期著名政治家、思想家、詩人、教育家，南人黨領導人，師從寒岡先生鄭逑，歷任大司成、吏曹判書、大司憲、右議政，著有《清士列傳》、《眉叟記言》、《經說》。朝鮮顯宗十五（1674）年，孝宗妃、仁宣王後張氏過世，因孝宗繼母趙氏的喪服期限引發「甲寅禮訟」，西人黨黨魁宋時烈主張大功九月，南人黨許穆則主張期年說而獲得勝利。

23、俞棨等：《家禮源流》

〔朝鮮〕尹宣舉（1610～1669）、俞棨（1607～1664）著、
尹極補輯、尹圭炳編：《家禮源流》，朝鮮一九三五年木活字刊本。

　　全書共計十四卷，續錄一卷，裝成九冊，附圖。四周雙邊，高二十二點三釐米，寬十七釐米，全本框高二十二釐米，寬三十三釐米。有界格，每半葉十行，每行二十字，注文小字雙行，版心白口，雙黑魚尾。天頭處有墨文批註，內文中有墨底白字。附凡例六則、目錄、序：「崇禎紀元後八十六年癸巳仲冬上澣門人安東權尚夏（1641～1721）謹題」、跋：「崇禎甲申後七十一年甲午（1714）仲春下澣後學烏川鄭澔識」、「歲舍乙未（1715）十月日上浣孫〔俞〕相基（1651～1718）謹書續錄跋」、「歲戊戌（1718）至月下浣不肖孫〔俞〕彥宗泣血書印」。首卷首行題「家禮源流卷之一」，次行題「家禮序」。

　　是書以家禮條目為綱，無論大文與註說，皆依照次序編之，另引古今諸說逐條箋釋之；所添補之說，皆錄其書名與姓氏於條目之下；逐條解釋之外，若古書可資參照者，別為編入於補注之下；近世學者之說、俗制之變，則其善者附之；全書之圖，以楊復之《三禮圖》為藍本。故是書卷一為通禮，卷二為深衣制度，卷三為居家雜儀；卷四為冠禮；卷五為婚禮；卷六至卷十四為喪祭禮。收錄的條目凡二十八條：〈初終、沐浴 襲 奠 為位 飯含〉、〈靈座 魂帛 銘旌〉、〈小斂 祖 括髮 免 髽 奠 代哭〉、大斂、成服、〈朝夕哭奠 上食〉、〈弔 奠賻 聞喪 奔喪〉、治葬、〈遷柩 朝祖 奠 賻 陳器 祖奠〉、遣奠、〈及墓 下棺 祠后土 題木主 成墳〉、〈反哭 反葬儀節補〉、改葬儀節補、〈虞祭 卒哭〉、〈祔 小祥〉、〈大祥 禫〉、吉祭備要補、居家雜儀、〈致賻奠狀 謝狀〉、〈慰人父母亡疏 答疏 慰人祖父母亡啟狀 答狀〉、謝人弔賻會葬不行躬謝疏、四時祭、祀土地儀節補、祀竈儀節補、〈初祖 先祖〉、〈禰 忌日〉、墓祭。

　　附錄卷收錄的條目凡五十一條：〈天子諸侯冠禮 天子諸侯婚禮〉、〈國喪正終〉、〈復 含〉、〈銘 斂〉、冊禮吉服、祠於先王、君喪服、人君行喪、〈遺詔短喪 以日易月〉、〈喪無二嫡 繼統執喪〉、論居喪吉禮、越紼祭天地、君弔大夫喪、受外國弔、諸侯相襚、國恤與人言、國恤不敢受弔、諡法、諱法、濮議 公族、〈山陵 國葬〉、〈改葬 碑〉、天子諸侯祭禮、吉禘後祔、供齊盛、天地之祭、明堂、社稷、風師、〈山川 祈雨〉、〈雩 蠟〉、〈五祀 屬〉、〈儺 神祠〉、〈聖賢 宗廟〉、〈原廟 昭穆〉、〈祧遷 禘祫〉、〈追王三后并配〉、先代帝王陵寢、追廢先後、宗法、天子之禮、尊號、聖節、世子誕降、天子車服、朝廷之儀、冊命、巡守、觀禮、擯相之禮、聘享之禮。

24、李惟樟：《二先生禮說》

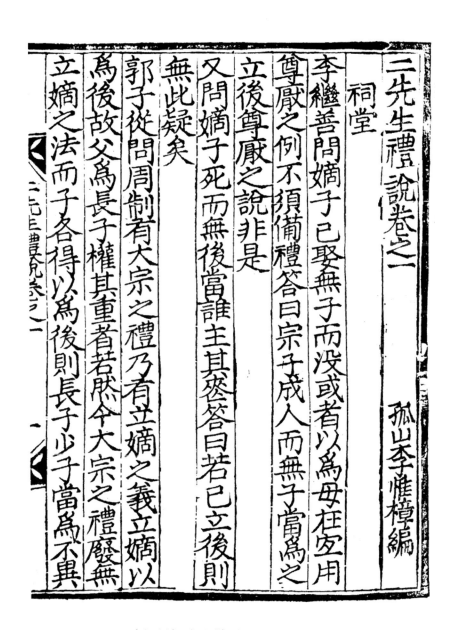

〔朝鮮〕李惟樟（1625～1701）：

《二先生禮說》，朝鮮未知年代刊本。

　　是書共計二卷，裝成乾、坤兩冊，全本框高二十八點五公分，寬十九點一公分　半葉框高十九公分，寬十五點九公分。四周雙邊，每半葉十行，每行二十字，注文小字雙行，版心白口，上下二葉花紋魚尾，版心中端題「二先生禮說」卷次，下方記葉次，首卷首頂端行題「二先生禮說卷之一」，下端記「孤山李惟樟編」，次行低一格題「祠堂」，卷末有尾題。是書由孤山先生李惟樟收錄朱熹與退溪先生李滉二位學者喪禮答問條目。現藏於韓國學中央研究院，書中鈐有「韓國精神文化研究院」朱文方印。

　　是書條目以《家禮》爲參照。爲祠堂、深衣之問答凡四條、居家雜儀之問答凡八條、議昏之問答凡一條、親迎之問答凡三條、廟見之問答凡一條、初終之問答凡三條、沐浴襲奠爲位飯含之問答凡十四條、靈座魂帛銘旌之問答凡六條、小斂祖括髮免髽奠代哭之問答凡兩條、大斂之問答凡兩條、成服之問答凡四十條、朝夕哭奠上食之問答凡十二條、弔之問答凡三條、聞喪之問答凡兩條、治葬之問答凡十八條、遷柩朝祖奠之問答凡四條、發引之問答凡一條、及墓下棺祠后土題木主成墳之問答凡二十七條、反哭之問答凡一條、盧墓之問答凡三條、改葬之問答凡十九條、虞祭之問答凡十條、卒哭之問答凡五條、祔之問答凡十一條、小祥之問答凡九條、大祥之問答凡十八條、禫之問答凡四條、居喪雜儀之問答凡二十九條、答人慰疏之問答凡兩條、四時祭之問答凡十四條、初祖之問答凡兩條、禰之問答凡一條、忌日之問答凡十條、墓祭之問答凡五條、國喪附之問答凡十條、宗廟附之問答凡一條。卷末祧廟議狀收錄古廟制、古室制、本朝太廟制、祫享位次、文昭奠昭穆圖五圖及朱子祧廟之論。

　　此書對李氏朝鮮昭穆制度有精盡論述，收錄李氏朝鮮太廟制度，牖居西北、西南向，戶在東南向，主皆置於西壁東向，若祫時，則太祖東向，昭南向，穆北向。即兩先生所謂「祫於太廟之時，則獨太祖不易其位，而群廟之主合食於前者，皆南向北向以敘昭穆耳。」如朱子僖祖祧太祖坐太祖之背前例，認爲「藏於太廟之西夾室，則古者唯有子孫祧主上藏於祖考夾室之法，而無祖考祧主下藏於子孫夾室之文」有其可待商榷之處，又別立一廟奉四祖，則「不唯喪事即遠有毀無所立之廟，必在偏位其棟宇儀物亦必不能如太廟之盛。」又如李滉認爲，朝鮮殿制，南北短而狹隘，東西長而開闊，故而十分適宜遵循古祫享位次，即太祖東向，昭南穆北而自西向東。

25、權斗寅：《禮儀補遺》

禮儀補遺卷之一

冠禮

冠

戒賓　宿賓附

黃帝造旃冕黃帝以前以羽皮為冠以後乃用布帛
其冠之平天子諸侯皆十二○長樂陳氏曰二十而
冕壹男子陽之類也而二十則為陰之數也以陰而
成乎陽女陰也而十五則陽之數矣十五有年
陽之相成性命之相通也

凡人之所以為人者禮義也禮義之始在於正容體齊顏色順
辭令容體正顏色齊辭令順而後禮義備以正君臣親父子和
長幼君臣正父子親長幼和而後禮義立故冠而後服備服備
而後容體正顏色齊辭令順故曰冠者禮之始也儀○一醮以
酒者正也其用體與三醮為適而加耳庶子則皆一醮以酒禮儀
經傳通○程子曰今行冠禮若制古服而冠之了又不常著卻
飾續

〔朝鮮〕權斗寅（1643～1719）：
《禮儀補遺》，明朝朝鮮未知年代手鈔本。

全書共計兩卷，一冊。半葉框高二十點五釐米，寬十九釐米。無邊框，無界欄，每半葉十二行，每行二十三字，注文小字雙行，首卷首行題：「禮儀補遺卷之一」，次行低一格題「冠禮」，第三行低兩格題「冠」，下端雙行小字注文。卷前爲作者自序：「上之三十四年戊子上浣永嘉權斗寅序」，序後同葉爲「引取書目」凡四十四種，其中朝鮮學者著作凡十一種，明代之前學者著作三十三種。

全書兩卷收冠、昏、喪、祭四禮，喪禮部份首錄的條目有：初終、復、主喪、主婦附、治葬、沐浴、襲、飯含、握手附、始死奠、喪內身死襲斂、祭奠附、爲位、重、魂帛附、銘旌、小斂、奠附、治棺、祖括髮髻免、代哭、杖、大斂、秫灰附、賻、豫凶事、衰絰、殯、父母之喪偕同異殯附、晨昏哭、朝夕奠、上食朔望奠附、喪廬、喪人家居服附、服議、成服、父母服、父在爲母、父母喪同時爲母喪、父在爲出母、女適人於本親有不降者、出後子爲所後服、出後子及婦爲本生父母、出後初喪兼遭本親喪、出後喪內除本親喪、出後子於本親稱號、自稱附、出後者之子爲本祖父母、出後子爲本親外黨附、取他爲繼者後有子仍以前所繼子爲後、孽子適父母生存爲所生母、父喪中遭母嫡母在附、孽子承祀雖無嫡父母不服其母、孽子服嫡母黨、孽子爲人後承〈嫡〉其妻爲本生姑、祖父母服、父喪內遭祖父母喪、有祖喪而父亡、出母子服繼母黨、嫡孫亡無後次孫爲祖持重、父爲嫡居喪而亡子代服、偕有喪、父爲高祖持重子當何服、夫爲曾祖高祖持重妻從服、子及婦服、姑姊妹出嫁不降服、姑姊妹服、廢疾子、嫂叔服、庶祖母、庶孽服、外親服、舅之妻及堂姨舅、童子喪服、喪在外、聞喪、奔喪、弔、弔狀、受弔、謝人弔賻會葬父母祖父母喪、占葬穴、朝祖、祖奠、遣奠、發引、方相、作灰隔、葬、夫婦合葬、并有父母喪葬奠、先後妣葬祭、喪祝統論〈妻喪、兄弟及兄弟妻喪、子祔、遷合、先期發引、客死返柩、殤附〉、玄纁、翣、明器、挽詞、鐸、祠后土、神主、改題附、牌子、成墳祭、誌碣碑、返哭、廬墓者三年後返魂奠附、廬墓、虞祭、卒哭、卒哭後合祭前後主之非、祔祭、小祥、父在母喪練條、大祥、重喪將祭小祥〈大祥〉有他喪、毀喪服、大祥神主入廟後朔望奠、禫、祫。

權斗寅（1643～1719），字春卿，號荷塘，朝鮮安東人，官至正郎，永春縣監。著有《荷塘先生文集》。

26、李益銓：《禮疑答問分類》

祭禮　廟制

答李剛而書曰影堂自家庙之制盖士大夫祭先之盡皆老影堂
盖奉安畫像於此而祭之故稱影影堂即祠堂也
桐影堂。　　　　　　　　　　　　　　　　　退溪集

答鄭子中書曰古人謂正寢為前堂盖古之正寢皆在人
故祠堂皆在其東而無所硋今人正寢或東或西其在西者
難立於其東夫奠門繼曾祖小宗家在安東西寢而東祠勢甚不
優近年方移置西軒之後盖随地勢不得不偷耳遺衣服祭咒依
古制藏於庙固善而容為防滥之策亦可若恩此而藏於他名在
其人善虑他人似難為説也　　　　　　　　退溪集

鄭寒岡問祠堂之制欲依文公家禮而家禮所在圖自今觀
之似有未詳不知正寢是今之中堂廳事是今之外廳否曰

禮疑答問分類卷之十五

〔朝鮮〕李益銓（生卒年不詳）：

《禮疑答問分類》，韓國成均館大學藏朝鮮未知年代寫本。

全書共計十八卷，裝成六冊。半葉框高三十點六釐米，寬十九點八釐米。左右雙邊，有界欄，每半葉十四行二十四字，注文小字雙行，是書爲輯退溪先生李滉、寒岡先生鄭述、旅軒先生張顯光、沙溪先生金長生諸人之《問答分類》、《疑禮問解》等書而成。卷之一爲宗廟；卷之二位國恤；卷之三爲祠典；卷之四爲冠禮；卷之五至卷之十三爲喪禮；卷之十四爲喪變禮；卷之十五至卷之十六爲祭禮；卷之十七爲祭變禮；卷之十八爲雜禮。卷首附李氏書序，卷末附其孫李石經跋。

喪禮部份收錄條目凡百八十八條：預備喪具、疾病、復、喪禮、主喪、主婦、易服、散髮、沐浴、襲、握手、爲位、奠、飯含、靈座、銘旌、不用浮屠、親厚入哭、斂布、小斂、小大斂、成服、袒免髽、散垂、哭奴婢、大斂、治棺、殯、靈床、謝賓、喪服、冠、腰、首絰、杖、履、婦人喪服、童子喪服、服制、成服、大宗服、父在母喪、本生服喪附、所後成重服、嫁母出母服、慈母服、妻喪、長子服、嫡孫服、子孫服、子婦服、出繼服、童子服、殤服喪附、收養服侍養服合、妻爲夫黨服、妻爲夫之本生服、妻爲夫之侍養服、妾爲君黨服、妾爲女君服女君黨服合、兩妾相爲服、嫁女爲私親服、外黨服、繼母黨服、庶母服喪附、妾喪、庶尊服、承重庶孽爲生母服、無服喪合、師友服、五服持喪、疊遭喪持服、殯廳序立、朝夕哭、朝夕奠、上食上食奠、燭、扱匙正筯、上食哭、几筵祭用肉、朔望奠、五服相弔、喪中弔慰、弔、書疏、本生親稱號、孤哀稱號、聞喪、奔喪、居喪雜儀、毀瘠、喪中出入、喪中避寓、服中赴舉、營葬、祠后土、槨、灰炭松脂、啓殯後服人持服、朝祖、祖奠、遣奠、發引、移安山所、翣、方相、明器、下帳、柩衣、玄纁、窆、誌石、作主櫝、韜籍、題主、屬稱職銜、陷中、旁題、夫神主、妻神主、外家神主、兄弟神主、班祔神主、子女神主、妾神主、庶孽神主、題主服色、題主奠、祭文、墓碣、合祔葬、雙墳、各葬、成墳、成墳祭、啓臣禮葬、虛葬、權葬、返魂、侍墓、廬墓、五服歸家、葬祥禫待客、虞祭、倚杖、玄酒、茅莎、降神、利成、虞卒哭變除、卒哭後上食、卒哭後祭禮、祔祭、喪中合祭考妣、几筵各設、喪中祭祀、初喪遇忌日、喪中忌祭、喪中節祀、喪中墓祭、喪中新墓祭、喪中省墓、喪中祭先服色、喪祭拜禮、改葬祭非禮、練、練奠、練後止朝夕哭、練後晨昏展碣、朔望會哭、毀喪服、脫服、祥後遇閏月、禫、禫前朔望、禫祭、禫服色、吉祭、心喪服色、心喪練祥禫、心喪撤几筵、新主入廟、改題主、遞遷、奉遷最長房、別室藏主、祧

主埋安、始飲酒食肉。

　　喪變禮部份收錄條目凡四十條：并有喪、并有喪葬禮、并有喪祭禮、并有喪持服、并有喪變除、服中死、代父繼喪、庶孫代嫡孫繼喪、攝主、嫁女主私親喪、回喪而冠、葬祥禫有喪、過時練祥禫、寓中禫事、旅喪、速葬、過時不葬、喪服改造、改棺、遺名不用槨、追後封墳、神主改造、神主追造、神主火改造、墳墓遇變、加服、追服、追服人變除、稅服、戰亡人服、改葬、告廟、靈座、改棺、偕葬輕重先後、玄纁明器銘旌、祭禮、虞祭、改葬服、改葬持服。

　　祭禮部份收錄條目凡五十四條：廟制、奉安位次、共一桌、奉祀世代、祭儀、尸童、祭初祖、不遷主、班祔、殤祭、紙牌、宗法、主祭、老而傳重、歸宗、序立、參碣、支子碣廟、告廟、告廟稱謂、遺衣服、祭服、香、燭、祭器、祭饌、茶、時祭、卜日、齋戒、沐浴、陳設、出主、獻、祭酒、闔門、俗節茶禮、薦新、焚黃、禰祭、忌祭、忌日合祭考妣、忌祭用肉、忌祭服色、閏月忌日、忌日待客、墓祭、先世墓祭、墓祭祀后土、墓祭服色、先墓加土、祭土地神、祭田民、伐墓山木。

　　祭變禮部份收錄條目凡三十二條：攝祀、兄弟神主一龕、宗子絕嗣、立後、家婦主祭、支子主祭、妾子承重、侍養奉祀、無後神主、承重孽子所生親祭、外家奉祀、外黨祭、妻親祭、俗節遇忌日、寓中行祭、臨祭有喪、臨祭拘忌、過時不祭、祭饌傾覆、生辰祭、祝、喪葬祝、合祔葬祝、題主祝、虞祭祝、祔祭祝、祥禫祝、改葬告廟祝、改葬祝、祭禮祝、后土祀祝、祝版。

　　李益銓（生卒年不詳），完山人，生活於李朝仁祖朝時期，曾師事退溪學派學者鄭逑。

27、李亮淵：《喪祭輯笏》

喪祭輯笏卷之上

初終之具　卽新衣用如病者續卽新婦人大袖衣皆經絕者衣後者衣

凡復衣不以襲斂篋受者布者用柳所以襪者無户則尸者用箭尸所以綴足者布深衣者尸所以幎目者障所以襪易眼者悸所以障斂者無則尸者巾所謂銕閣具斂有質所有

祭奠者師祝相并所以禪知禮者盡之以設奠者巾而以

初終疾病遷居正寢

凡疾病遷居正寢〔儀節〕惟家主為然〔餘儀節問病者有〕各遷於共室中

何言有則書內外安靜外皆掃〔以俟氣絕〕士喪記徹內

縶衣加新衣御者四人皆坐持體屬纊男子不絕於婦

人之手　婦人不絕於男子之手

〔朝鮮〕李亮淵（生卒年不詳）：

《喪祭輯笏》，崇禎年朝鮮舊鈔本。

全書共計兩卷，一冊。每半葉十行，每行二十二字，注文小字雙行，以為二十二字。四周單邊，有界格，版心白口，內向花魚尾，版心中端題：「喪祭輯笏」，首卷首行題「喪祭輯笏卷之上」，次行低一格題「初終之具」，卷末有尾題，書中有墨圍。文前有作者自序：「崇禎後四辛未孟春完山後學李亮淵序」。李氏序道：「夫禮以古為貴而時有之宜異耳，此《家禮》所以參古酌今而為禮家之準則」，故而《喪禮備要》等書皆祖述《家禮》而更加推演以補其未備，而為之羽翼，其他諸家亦隨事考訂以為「羽翼之羽翼者」，此皆為東國儒學之不可闕者，李氏又認為，雖然聖學相傳但著述卷帙浩繁，不可統照，於喪禮本義有違，因此作者「博考而約笏」，而成《喪祭輯笏》二卷。是書收錄初終、治棺、訃告、襲、小斂、大斂、聞喪、奔喪、虞祭、卒哭、小祥、大祥、禫祭等條式。

李亮淵（1771～1853），字晉叔，號臨淵，全州人，朝鮮世宗別子廣平大君章毅公璵之後，官至六曹參判，著有《枕頭書》、《嘉禮備要》、《石潭酌海》等書，有《臨淵堂集》存世。

28、佚名：《二禮祝式纂要》

二禮祝式纂要

喪禮祝式

始死日告祠堂辭

孝幾代孫　以最尊位計代數　某　告云某之某親某月某日

疾不起敢告　若客死則改日其月某日其地敢告　病卒于官次或某地敢告

發喪變禮告辭　禮無發喪告辭而若有

喪出後系后者發喪告辭　變禮則不得不告也　某親○用亡者服人代告曰某親○某之子

遺腹子追喪　禮無其文而告辭　從俗添入

告辭　先考喪出時不肯于某遺腹不得眼某立以為后今日發喪敢告

喪故兹以今日追聞訃晚時追喪者一如初喪之禮故無告辭一如喪窆增同匄敢告○初喪之禮故無告辭

〔朝鮮〕佚名：《二禮祝式纂要》，
朝鮮高宗十四年（1877）木活字刊本。

　　不分卷，一冊。四周單邊，每半葉框高二十一點九釐米，寬十六釐米，全本框高三十點一釐米，寬十九點五釐米。半葉十行，每行二十字，注文小字雙行，版心細黑口，上二葉花紋魚尾，版心中端題「二禮祝式纂要」，下方記葉次。卷首低一行題「二禮祝式纂要」、第二行低一格題「喪禮祝式」、第三行低三格題「始死日告祠堂辭」。卷前有序「崇禎紀元後五丁丑夏後學河南趙□熙謹序。」是書現藏於韓國學研究中央研究院。

　　是書收錄喪禮祝式部份凡十條：始死日告祠堂辭、發喪變禮告辭、喪出後係後者發喪告辭、失亡父者服喪告辭、成服變禮告辭、祖父母喪中父死則其子代服祖几筵告辭、父几筵告辭、父有廢疾其子攝主告辭、長兄病廢其弟攝主告辭、葬後練後立後者成服日改題告辭。收錄葬禮祝部份凡三十條：開塋域祀土地、母喪合葬父墓改辭、父喪合葬母墓改辭、同日合葬改辭、母葬時遷母墓改辭、兩喪同日葬改辭、葬於先塋局內則只告最尊位祝、合葬則告先葬位祝、母喪權窆於父墓旁告辭、啓殯告辭、草殯者啓殯告辭、常變禮者葬時告辭諸節、虞葬告辭、遷柩廳事告辭、發引告辭、草殯者發引告辭、遣奠告辭、祠土地祝、題主奠祝、改葬祝諸節、舊山祀土地祝、啓舊墓祝、葬後祠土地祝、虞祭祝、葬畢告祠堂辭、立石諸節、墳墓被水火慰安告辭、墳墓被人掘移慰安告辭、失墓者得疑塚告文、啓棺告辭。收錄喪葬禮祝式部份凡十四條：初虞祝、攝主祝辭、卒哭祝、祔祭祝辭、十一月練祭諸節、小祥祝、大祥祝、禫祭祝節、吉祭諸節、出主告辭、合祭祧主祝、合祭祖以上祝、合祭新主祝、埋主諸節。收錄常祀諸節祝式凡五條：時祭祝、家祭土地神祝、忌祭祝、墓祭祝、生辰祭祝。

　　是書論述的喪禮條目有：告祠堂、成服變禮。葬禮條目有：開塋域、合葬、告先塋、告先葬、變禮告辭、攝主告辭、朝祖、遷柩、祖奠、發引、遣奠、平土祭、題主、虛葬、改葬、權窆完葬、客葬返櫬、改莎立石、墳墓被水火、墳墓被人掘移、失墓者得疑塚告文、齋室開基重修。喪祭禮條目有：虞祭、卒哭、祔祭、祔祭退行、十一月練祭、小祥、練祥退行、過期未葬、聞訃晚時、葬後立后追喪、大祥、祔廟、禫祭、吉祭、改題、合祭祧主、合祭祖以上、禫月適值仲月直行吉祭、並有喪吉祭、埋安、長房遷奉、遷奉改題。常祀條目有：時祭、忌祭、墓祭、生辰祭、生進科宦、赴任奉廟、追贈、生子告由、修廟、移安、追成神主、家廟被水火賊失、神主虫蝕、神主誤題。

清　代

29、尹拯:《明齋先生疑禮問答》

明齋先生疑禮問答卷之十八

家禮圖

問家廟圖與祠堂本註多有不同廟後之小廟
門外之別屋禮無所考未知此何制度歟階下
以屋覆之所以為序立而上下圖皆無其制亦
何歟 沈廷熙

答家禮上圖乃古者廟制非祠堂之圖備要所圖乃
家禮祠堂之制也廟後之寢廟也門外之
屋即古之外門也儀禮三廟圖其制如此以屋覆之
諸圖皆闕未可知也輯覽曰丁字閣法而為之制玆

〔朝鮮〕尹拯（1629～1714）：

《明齋先生疑禮問答》，朝鮮木活字刊本。

　　全書共計八卷，裝成四冊。半葉框高二十一點四釐米，寬十四點九釐米，四周雙邊，有界格，每半葉十行，每行二十字，注文小字雙行，全本高三十二點九釐米，寬二十點四釐米。版心白口，內向花魚尾，版心中端題「明齋先生疑禮問答」卷次，下方題葉次。首卷首行題「明齋先生疑禮問答卷之一」，次行低一格題「家禮圖」。書中鈐有：「潘南」、「朴□□」、「大高氏」朱文方印。

　　卷之一爲家禮圖、通禮、祠堂、四龕奉主、宗法攝主、班祔、別室藏主、晨謁、參印附薦、俗節、遞遷不遷之位、深衣制度、褌衣等條目問答；卷之二爲通禮、居家雜儀居鄉雜儀、冠禮、昏禮等條目問答；卷三至卷八爲喪祭禮部份，收錄初終之論凡六條、立喪主主婦之論凡七條、易服之論凡三條、治棺之論凡五條、沐浴之論凡兩條、襲之論凡八條、爲位之論凡三條、飯含之論凡兩條、靈座魂帛靈床之論凡八條、銘旌之論凡六條、親厚入哭之論凡兩條、小斂之論凡六條、大斂之論凡一條、成服之論凡十三條、斬衰之論凡三條、齋衰之論凡兩條、杖期之論凡一條、不杖期之論凡四條、齊衰之論凡兩條、齊衰三月之論凡一條、大功之論凡三條、小功之論凡一條、緦之論凡七條、殤服凡六條、出後服出後禮侍養服之論凡二十九條、出嫁服之論凡十條、妾庶服妾庶禮之論凡二十條、并有喪之論凡十四條、稅服追服之論凡三條、變除之論凡五條、心喪之論凡七條、朝夕哭朝夕拜之論凡三條、奠之論凡三條、上食之論凡七條、弔之論凡六條、聞喪之論凡五條、奔喪之論凡六條、治葬之論凡八條、作主之論凡三條、朝祖之論凡三條、遷於廳事之論凡一條、祖遣奠之論凡四條、發引之論凡一條、窆之論凡九條、題主之論凡五條、成墳之論凡五條、改葬之論凡十六條、返哭廬墓之論凡四條、虞之論凡八條、卒哭之論凡一條、祔之論凡九條、小祥之論凡十一條、大祥之論凡十二條、禫之論凡十二條、吉祭之論凡七條、居喪雜儀服中雜儀之論凡二十三條、書疏之論凡六條；祭禮部份收錄祭之論凡十一條、時祭之論凡二十四條、初祖之論凡兩條、禰之論凡兩條、忌日之論凡十三條、墓祭謁墓之論凡十三條；國恤中私禮之論凡十九條、王家禮凡九條。卷末後附錄禮書疑儀，收家禮之疑凡三十七條、儀禮之疑凡十七條、禮記之疑凡八條。

30、尹拯：《喪祭禮遺書》

祭禮遺書　正午月

十一朔叅　望叅

家禮朔望叅同而擊蒙要訣爲之差等當從要

訣行之

寒食　國俗四名日不必論　三月三日

節日正朝上元　正月朔望也不必論

端午與寒食同　流頭　七月七日　中元

秋夕與端午同　九月九日　冬至　臘

就中正朝冬至寒食等大節日外如三月三

日七月七日中元臘比朝叅又差輕吾欲從

要訣望叅儀行之未知如何未及講問於師

〔朝鮮〕尹拯（1629～1714）：
《喪祭禮遺書》，清康熙間朝鮮活字本。

　　全書共計一卷，框高二十一點五釐米，寬十五點三釐米，每半葉十一行，每行二十字，注文小字雙行，每行亦二十字，左右雙邊，版心白口，上下白雙魚尾，下方記書名，版心中端題「明齋先生遺稿」，現藏於臺北國立中央圖書館，書中鈐有「國立中央圖書館收藏」朱文長方印、「安東世家」朱文方印、「權弼衡印」朱文方印、「國平」朱文方印。是書分喪禮與祭禮兩部份，收錄條目有聞喪及成服發引等時哭臨之節、居處飲食之節、服制之節、四禮私議後識、喪禮朝夕奠上食朔望奠當行議、葬當行議、祭禮朔望參當行議、時祭當廢議逐條。

　　尹拯（1629～1714），本貫坡平尹氏，字子仁，號明齋、酉峰，諡號文成，朝鮮忠南魯城人，李氏朝鮮後期著名儒學家、文學家、政治家、思想家，朝鮮西人黨成員，為金集、權尚夏、宋時烈門人，尹宣舉之父。著有《明齋遺稿》、《明齋先生疑禮問答》、《明齋遺書》。

31、朴世采：《南溪先生禮說》

南溪先生禮說卷之一

總論

答李厦卿釋書

蒙示二禮出慶此亦未詳茲考文獻魯共王所得似是通解目錄所謂孔氏者而與河間所得同為一書矣脩志云獻王又得仲尼學謷叟後所記一百三十一篇至劉向校經籍又得明堂陰陽記三十三篇孔子三朝記七篇王氏史氏記二十一篇樂記二十三篇凡五種合二百四十篇戴德刪其煩壹合為八十五篇謂之大戴記而戴聖又刪為四十六篇謂之小戴記盖今之禮記是也大戴則別為一書而采家適有儲武王諸銘具見

〔朝鮮〕朴世采（1631～1695）：
《南溪先生禮説》，肅宗（1718 年）義興縣木活字刊本。

全書共二十卷，裝成十冊，四周雙邊，每半葉框高十九點二釐米，寬十四釐米，全本高三十一釐米，寬十九點五釐米，有界格，每半葉十一行，每行二十一字，注文小字雙行，內向二葉花紋黑魚尾，黃紙紅絲五針綴線裝，表題「南溪禮說」，版心中端題「南溪禮說」，附序「崇禎紀元九十一年戊戌（1718）孟夏門人清風金楺謹序」，凡例七則。

卷之一至卷之二為通禮總論，并附家禮圖、家禮序、祠堂、宗法等條。卷之三為冠、婚禮。卷之十八至卷之十九為書院。卷之二十為王朝禮。卷之四至卷之十七為喪禮，喪禮部份收錄的條目有：初終、復、立喪主、主婦、易服不食、治棺、襲、為位、飯含、靈座魂帛、銘旌、小斂、祖括髮免髽、大斂、居廬、成服、斬衰、齊衰、喪中身死、并有喪、代服、杖期、不杖期、齊衰五月三月、大功、小功、緦麻、殤、童子服、為人後、師友服、兼親服、稅服、變除、服制總論、國恤、朝夕哭、朝夕奠、朝夕上食、朔望奠、弔奠、賵贈、聞喪、奔喪、治葬、祠后土、灰隔、明器、大舉、窆、作主、遷柩、朝祖、遷於廳事、柩衣、陳器、祖奠、遣奠、挽詞、親賓次、窆、贈、題主、成墳、立石碑、石物、改葬、合葬、廬墓、反哭、虞祭、卒哭、祔、小祥、大祥、禫、吉祭、喪中行祭、服中赴舉、服中聽樂、居喪雜儀、書疏、祝文、時祭、土神祭、初祖、先祖、禰、忌日、生忌、墓祭。

《四庫全書總目提要》評價：平日與知舊門人，互相問答者，亦必引經據義，各極其區，獨恨其言散見錯出，未易考檢。厚齋金眞卿，講讀遺集之錄，手自抄錄，群分類聚，名之曰《南溪先生禮說》。則是編，蓋肅宗四十四年戊戌世采卒後，厚齋金眞卿取世采與知舊門人論禮之辭，為之編次也。其書都凡二十卷，編目次第一依《文公家禮》之序，其有異同，則參以鄭述《五先生禮說》、金長生《疑禮問解》。深入新目，如書院禮、王朝禮為《疑禮問解》所無，則依《續問解》之例，別立一日之類。其往覆文字，或有答無問者，或有問而無答者，或有一事疊問者，或有問同答異者，皆一一載錄，以備參考。又其於問者姓名，皆詳為記錄，并於其下，注明某年，以為考閱，先後之便，至一問之中，問答諸條亦各為類聚，若一問之中或兼數條，或通記條者，則詳注見於某條，以便互考，編次頗稱有體。

朴世采（1631～1695），字和叔，玄石，潘南人，世稱南溪先生，諡號文純。從金清陰學，博聞篤行，朝野推重，視為儒宗。朝鮮辛卯年進士，以遺逸仕至左相。年六十五卒，配享肅宗廟庭，享祀文廟。著有《南溪禮說》二十卷、《六禮疑輯》三十餘卷、《範學全編》六卷、《春秋補編》、《南溪外集》、《心經標題》、《心學至訣》、《讀書記》、《朱子大全拾遺》諸書。

32、安晉石：《四禮考證》

四禮考證卷三

喪禮三

朝夕哭

朝夕哭　按儀禮朝夕哭與朝夕奠自別有兩事次而或者認爲○沙溪曰

非是一項朝夕哭位次卽士位喪于禮門外人西而面卽位北于上堂南兄弟丈夫其夫

苟南南上則其位○擊蒙要尸頭爲尸上也既殯之後女位子依前

階下位于北堂上以殯上南男子柩則爲上位也于

朝夕奠

朝夕奠　朝夕奠者謂陰陽交接之時思其親也朝夕

朝夕奠　檀弓朝奠日出夕奠逮日○劉氏曰夫朝夕

奠上食古今不同及退溪曰今俗行於殯前設儀節有朝夕饋食奠

喪　《四禮考證卷三》

〔朝鮮〕安晉石（1644～1725）：

《四禮考證》，昭和八年四月白雲山房藏版。

全書共五卷，裝成乾、坤二冊。半葉框高二十一釐米，三十一點八釐米。每半葉十行，每行二十字，注文小字雙行，版心白口，上黑魚尾，版心中端題「四禮考證」各目錄，象鼻上端題各卷條目，如冠、昏、喪、祭、跋等。首卷首行題「四禮考證卷之一」，次行題「冠禮一」，第三行題「冠禮總論」。文前附安氏之子序：「歲己巳端陽節舍兄護軍機石序」，《四禮考證》引用書目錄，凡例，金紹洛跋「丙寅大簇月更望聞韶後人金紹洛謹書」，卷末附牌記：「龍宮月梧堂癸酉春刊版」。

是書爲朝鮮後期學者安晉石專著，一九三三年，安氏第七代孫安在極等有進行增補。此書初版有金紹洛序文、安機石序文、權相圭跋文。著者認爲，禮易行於平常之時，而忽於急劇之際，因此作者「蒐聚諸家常變，論說有所疑難，則百般商權，逐條注解，以爲方來之準。」

是書卷之一爲冠、昏禮，收錄冠禮條目凡二十二條、昏禮條目凡二十八條，卷之二至卷之四爲喪禮，收錄條目凡百有七條：初終、復、立喪主、相禮、易服、治棺、沐浴、襲、飯含、靈座、魂帛、銘旌、銘旌奠、小斂、小斂奠、變服、小斂前即位、大斂、成殯、大斂奠、成殯後主人位、靈牀東首、喪次、成服、喪服總論、斬衰三年、齊衰三年、齊衰杖期、齊衰不杖期、齊衰五月、齊衰三月、大功九月、小功五月、緦麻五月、殤服、降服、妾爲女君黨、心喪三年、師服、重喪未除遭親喪、服制式假、喪服雜儀、相弔儀、朝夕哭、朝夕奠、上食、薦新、薦新弔、薦新奠、賻、恩奠儀、狀疏、答慰疏、奔喪、婦人奔喪、齊衰以下聞喪、隧道、大舉、祠后土、灰隔、明器、翣、遷柩、朝祖、祖奠、遣奠、方相、挽詞、窆、主人贈、誌石、成墳、題主、碑表、并有喪、居廬、返葬、招魂葬、疾葬、葬時祖免、成墳、虞祭、虞祭祝文、卒哭、祔祭、詣祠堂、小祥、止朝夕哭、父在母喪、大祥、晨謁、禫祭、凡喪有禫不禫、吉祭、合祭、埋主、復寢、改葬、擇地、制服、開塋域、遷柩、祠土地、虞祭、虞祭祝文、居喪雜儀、居喪雜儀祝文。祭禮部份收錄的條目凡二十六條：廟祭、班祔、置祭田、晨謁、參、俗節、祝、拜、冠服、四時祭、禰祭、忌祭、冠服、初獻、墓祭、擇日、祝文、土地祭、親盡祖墓祭、飲福、焚黃、祭禮雜儀、外姓奉祀、宗法、長有之分、學中序齒。

安晉石（1644～1725），本貫朝鮮順興，字士雅，號月梧堂，官至副護軍、禮佐正郎，著有《月梧桐文集》。

33、辛夢參：《家禮輯解》

家禮輯解卷之一

通禮退溪曰此篇專言祠堂之制而冠
昏喪祭皆行於祠堂故謂通禮

此篇所著皆所謂有家日用之常體不可一日
而不修者

祠堂何休云祠猶繼嗣也孝子忠親繼
食之也○說文堂正寢也○爾雅古
者為屋自半已前虛之謂之堂堂之為言當
也謂當正向陽之屋○記祭於堂求之於明

此章本合在祭禮篇今以報本反始天下之
　祭義曰
所以致反始也　注致反始
禮致其愛所以極吾心報本之誠之心尊祖敬宗尊祖
　　　小記
故敬宗　所之意實有家名分之守所以
以尊祖禰也

〔朝鮮〕辛夢參（1648～1711）撰，辛和植（生卒年不詳）等編：
《家禮輯解》，朝鮮未知年代刊本。

　　全書共計九卷，裝成五冊，附圖。四周雙邊，框高二十點一釐米，寬十五點五釐米，每半葉九行，每行二十字，注文小字雙行，版心白口，上花魚尾紋，附序：「戊辰冬至節昌山曹兢夑序」、「上之紀元二十八年壬午季秋鷲城辛夢參序」、《家禮》序，跋「己巳仲春下澣靈山辛東植謹識」、「永嘉後人權相圭謹書」。據《一庵先生年譜》記載：「肅宗三十三年《家禮輯解》成，凡八卷，先生就朱夫子《家禮》書，凡逐條字解句釋下，附東賢論禮文字，參以己見，而於變節處，尤致詳焉。雖未見於文者，亦得以類推旁通而不失正焉，序見集中。」

　　是書卷之一至卷之二為通禮，卷之三為冠、婚禮，卷之三至卷之八為喪禮，卷之就祭禮。喪禮部份條目為：初終、沐浴、襲、奠、為位、飯含、靈座、魂帛、銘旌、小斂、袒、括髮、免、髽、奠、代哭、大斂、成服、朝夕哭奠、上食、弔、奠、賻、聞喪、奔喪、治葬、遷柩、朝祖、奠賻、陳器、祖奠、遣奠、發引、及墓、下棺、祠后土、題木主、成墳、反哭、虞祭、卒哭、祔、反葬、改葬、小祥、大祥、禫、吉祭、居喪雜儀。

　　卷之末有圖，每一圖并附各家解釋，其中喪禮圖有：丘氏大宗小宗圖、深衣前後圖、著深衣前兩襟相掩圖、裁衣前後法、曲裾裁製成制縫製圖、深衣冠履之圖、丘氏大帶圖、丘氏緇巾新圖、幅巾圖、冠梁作㡇圖、緇衣冠圖、丘氏履新圖、指伸量寸法、屈指量寸法圖、朱子大全幅巾圖、小斂圖、大斂圖、喪服圖式、冠絰絞帶圖式、斬齊衰杖履圖、喪舉之圖、翣圖、本宗五服之圖、三父八母服制之圖、妻為夫黨服圖、外族妻黨母黨服圖、神主式。

34、鄭碩達：《家禮或問》

抑之使同本疏往來相報之法故也按既曰往來相報則
言衰服不杖甚章爲人後者爲其父母報疏言報者既淺
甚是何意義沙溪曰家禮圖與鄭道可沿革圖皆本此而
或問五服圖前面下方所論本生父母亦爲之降服不杖
也鄙意此圖疑元末或大明人所爲也
氏乃朱子門人而神主圖有大德字大德即元成宗年號
或問愚伏謂家禮圖乃楊氏復所爲也然否金沙溪曰楊
未解退溪李先生曰祠堂圖多與本文不相應未詳何意
或問祠堂之制欲依家禮而家禮所載圖自今觀之似有

家禮或問卷之一

卷首圖

〔朝鮮〕鄭碩達（1660～1720）：
《家禮或問》，朝鮮未知年代木活字刊本。

　　全書共計十卷，裝成五冊。每半葉框高二十一點八公分，寬十六點四公分，全本框高三十一點四公分，寬二十二公分。有界欄，四周單邊，每半葉十一行，每行二十二字，注文小字雙行，內向二葉花紋魚尾，版心中端題「家禮或問」卷次，下端記葉次，首卷首行題「家禮或問卷之一」，次行低兩格題「卷首圖」，卷末有尾題。文前有序「旃蒙作噩（1705 年）重陽日後學島川鄭碩達謹書」。

　　喪祭禮部份收錄的條目有：初終、復、綴足、奠、立喪主、易服、治棺、襲、沐浴、飯含、銘旌、為位、親厚入哭、小斂、襲斂時冠服變節、拜賓、代哭、大斂、大斂變服、設燎、靈座、成服、服制、衰絰制度、服制、朝夕哭奠、上食、朔望奠、弔、并有喪、客喪、聞喪、奔喪、治葬、開塋域祀后土、穿壙、作灰隔、明器、翣、作主、遷柩、朝祖、輤詞、祖奠、遣奠、方相、發引、及墓、柩衣、贈玄纁、實壙、題主、成墳、反哭、期九月飲酒食肉、虞、卒哭、祔、小祥、練後朝夕哭、期喪練祥禫、大祥、祥後祔祭、祥後晨謁、禫、吉祭、遞遷、居喪雜儀、喪中他祭畢廢之節、癘疫遭喪、喪家素祭、喪次饋客、改葬、權葬、虛葬、丘墓毀、丘墓火、時祭、卜日、齋戒、設位陳器、省牲具饌、奉主就位、降神、進饌、初獻、亞獻、終獻、侑食、闔門、啟門、受胙、土神祭、初祖先祖、禰、忌祭、設位、具饌、變服、詣祠堂、是日不飲酒、忌日待客、生忌、墓祭、擇日、服色、布席陳饌、初獻、亞終獻、后土等條。

　　筆者又見越南國家圖書館藏未知年代、著者之手鈔本《家禮或問》，與朝鮮鄭氏所著之《家禮或問》殊異。是書不分卷，共三十一葉。半葉九行，每行二十三字，版心白口，書中有朱筆點校，《或問》陳述條目每一問條第一字定格寫，有：問男女吉凶之拜必得古禮之意、問主人主婦陞降、問利成之告主人不拜在位皆拜、問廢牀寢地、問居喪何以有杖而其制上圓下方何也、問成服之月祝文顯然俗人皆祭而公不祭何也、問舉哀相弔之禮舉世鮮行、問茶酒飯羹之類陳設一也、問喪禮設香案桌子盤盞罩巾數目、問發引之時柩行自足、問方相四目以用狂夫、問題主祝文、問發引柩行主人以下步從隨柩、問葬畢奉主至家主人以下升自西階、問凡祭皆用質明何至虞祭乃用日中、問祭何意遇剛日三虞、問父亡母在祭父祝文、問西階乃為客位凡祭放盥盆帨巾於西階、問哭何以謂之卒、問克玄酒瓶何為玄酒而克之、問題銘旌、問夏節四月儀節祝文家禮并無、問祠堂獨先立於正寢之東、問祠后土、問祠堂龕主、問祭前一日用告祭而吾獨不用何也。書後有「五音姓氏郡望」，共計收錄凡百三十九姓。

家禮或問

R.61

問男女書云之拜以伯仲古礼之意應曰常手吉拜以肅拜為止以
尚左手以男尚左手以男陽也故以左手為尚甫拜者輕肅首之
兩手相合左手者在此而要引手至地頭在手上不抜地是為拜者
到替額兩手分至地以要到扶至地平身到扶手平止稽首則是
而退者可修拜畢以撐其為傲慢其撐者兩手箸胃掆撐此
乃尊撐畢孔劂撐到不拜拜到不撐今之拜以且撐畢以甲
而撐尊之失之失女于吉拜以甫拜為止以尚左手者右
尊者是女陰也敢以右手為尚甫稽者亦替首是兩手相合右

越南國家圖書館藏手鈔本《家禮或問》。

35、橫溪病塂：《改葬備要》

改葬備要

將改葬

呂氏春秋惠公說魏太子曰昔王季歷葬于過山
之尾灤水齧其墓見棺之前和曰棺猶文王曰譆先
君必欲見羣臣百姓也夫故使灤水見之於是出
而為張朝百姓皆見之三日而後更葬之〇左傳
隱公元年十月改葬惠公惠公之薨也有卅師太
子少葬故有關是以改葬〇程子曰英宗欲改葬
西陵當是時潞公對以禍福遂止其語雖若詭對
要之郤濟事〇朱子葬父韋齋先生凢三遷初葬
西塔山時爻未更事卜地不詳乾道六年又遷靈
梵鵝峯山下又恐地勢卑濕非久遠計乃遷武夷

〔朝鮮〕橫溪病塂（鄭萬陽 1664～1730）、橫溪病箟
（鄭葵陽 1667～1732）共著：
《改葬備要》，朝鮮未知年代木活字刊本。

　　全書共七十六頁，不分卷，一冊。框高二十一點九釐米，寬十五點七釐米，四周雙邊，每半葉十行，每行二十字，注文小字雙行，上花魚尾，全書高三十二點四釐米，寬二十一釐米。文前附作者自序：「乙未三月上浣橫溪病塴（鄭萬陽）書」，凡例，跋：「旃蒙協洽（1776）嘉月上浣橫溪病篦（鄭葵陽）書」，卷末有尾題。是書以丘濬所輯《文公家禮儀節》爲底本，參酌《家禮》，兩者互爲比照，互相參考。除述葬論外，作者還將「設靈座」、「立銘旌」等條收入書中加以箋釋。又引據古今凡論及葬法變節之專書成說，分類附錄於各該條之下。凡涉及到葬具容入之物略定數目，其規格皆參照沙溪先生《喪禮備要》所定之例。

　　全書收錄改葬儀節凡二十六條：將改葬、先擇地可葬者、治棺〈治棺之具〉、具斂牀布絞衾衣〈改斂之具〉、治葬〈治葬之具〉、制服〈成服之具〉、擇日、開塋域祀土地〈祝文式〉、遂穿壙作灰隔〈穿壙之具〉、前期一日告於祠堂〈出主、祭告告辭〉、執事者於墓所張白布幕爲男女位次、素服就位哭盡哀、祠祝土地〈祠祝土地之具〉、啓墓〈啓墓之具〉、役者開壙、舉棺出置幕下席上、祝以功布拭棺覆以衾〈補設靈座、補立銘旌〉、設奠於柩前、遷柩就舉、發引如始葬之儀、未至執事者先設靈幄靈座爲男女、乃窆一如始葬之儀、祠土地於墓左〈祠土地之具〉，既葬就墓所靈座前行虞祭如初虞儀〈虞祭之具〉、告於祠堂〈祠堂告辭〉、三月而除服。

36、橫溪病塤：《疑禮通考》

疑禮通攷卷之一

通禮一

總論

孔子曰吾說夏禮杞不足徵也吾學殷禮有宋存焉吾
學周禮今用之吾從周註周禮乃時王之制孔子既不
得位則從周而已○程子曰行禮不可全泥古視時之
風氣自不同故所處不得不異若全用古物亦不相稱
雖聖人作須有損益○朱子曰古禮繁縟後人於禮日
益疎略黙居今而欲行古禮亦恐情文不相稱不若只
就今人所行禮中刪修令有節文制數等威足矣又曰
古禮難行聖人有作必因今之禮而裁酌其中取其簡

〔朝鮮〕橫溪病塤（鄭萬陽 1664～1730）、
橫溪病篪（鄭葵陽 1667～1732）共著：《疑禮通考》，
朝鮮未知年代木活字刊本。

全書共計八卷，裝成四冊，書中附圖錄。四周雙邊，半葉框高十九點九釐米，寬二十九點六釐米，全本框高三十點七釐米，寬二十點八釐米。每半葉十一行，每行二十五字，注文小字雙行，有界格。文前有鄭宗魯序、作者自序「崇禎甲申後六十三年萬陽葵陽合手爲序」。首卷首行題「疑禮通考卷之一」，第二行低一字題「通禮一」，第三行第三字題「總論」。版心白口，內向雙花魚尾，版心內題「疑禮通考」卷次，下方記葉次，卷末有尾題。書中鈐有「鄭容雨印」朱文方印。

是書卷之一爲通禮，卷之二爲冠禮，卷之三爲昏禮，卷之五至卷之八爲喪禮。喪祭禮部份收錄的條目有：初終、復、綴足、奠、立喪主、易服、治棺、襲、沐浴、飯含、銘旌、爲位、親厚入哭、小斂、襲斂時冠服變節、拜賓、代哭、大斂、大斂變服、設燎、靈座、成服、服制、衰絰制度、服制、朝夕哭奠、上食、朔望奠、弔、并有喪、客喪、聞喪、奔喪、治葬、開塋域祀后土、穿壙、作灰隔、明器、翣、作主、遷柩、朝祖、挽詞、祖奠、遣奠、方相、發引、及墓、柩衣、贈玄纁、實壙、題主、成墳、反哭、期九月飲酒食肉、虞、卒哭、祔、小祥、練後朝夕哭、期喪練祥禫、大祥、祥後祔祭、祥後晨謁、禫、吉祭、遞遷、居喪雜儀、喪中他祭畢廢之節、癘疫遭喪、喪家素祭、喪次饋客、改葬、權葬、虛葬、丘墓毀、丘墓火、時祭、卜日、齋戒、設位陳器、省牲具饌、奉主就位、降神、進饌、初獻、亞獻、終獻、侑食、闔門、啓門、受胙、土神祭、初祖先祖、禰、忌祭、設位、具饌、變服、詣祠堂、是日不飲酒、忌日待客、生忌、墓祭、擇日、服色、布席陳饌、初獻、亞終獻、后土等條。書中附有「寢廟辨名圖」、「立祠堂於正寢之東圖」等圖。

別集首卷爲國喪禮，收錄條目有：方喪、爲王斬衰、食粥之節、哭踊之節、古者居廬之節、與君爲期功緦之親者不敢服本服、爲君從服而不稅服、爲舊君服、庶人爲君服三月、歷代方喪訟革、國朝方喪服制、大夫士入都哭次、被劾人不當入哭班、士庶人聚哭、國恤相慰書式、國恤中有私喪、國恤內免喪者服色、君服變除之節、國恤葬祥時在家未安、國恤卒哭前私家祀事當用素饌、爲后齊衰、世子喪、世子服古今異制、世子嬪喪、師友服、爲師心喪、朋友、爲朋友服緦、弟子、遭門弟子喪。卷二爲學校禮，卷三爲鄉飲酒儀。

37、李縡:《四禮便覽》

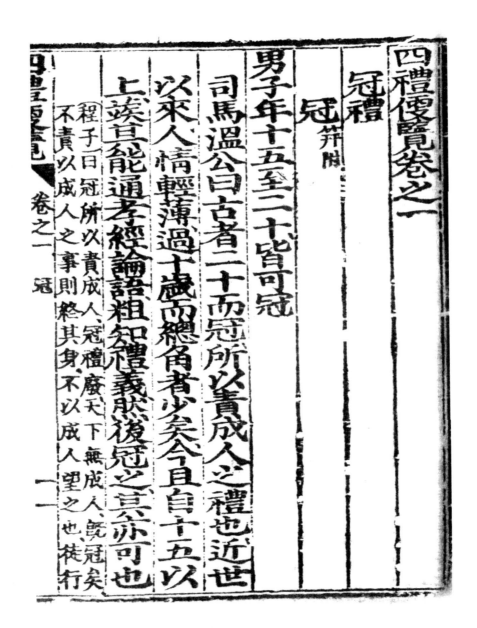

〔朝鮮〕李縡（1680～1746）:《四禮便覽》,
韓國成均館大學藏朝鮮憲宗十年（道光二十四年）木活字刊本。

　　是書共計八卷，裝成四冊。書高三十一釐米，寬二十點五釐米，四周雙邊，半葉框高二十二點七釐米，寬十六點三釐米。有界欄，每半葉八行，每行二十一字，注文小字雙行。版心白口，上黑魚尾。版心中端題「四禮便覽」卷次下方記葉次，象鼻上端題「四禮便覽」。卷首附凡例十則、目錄，卷末附趙寅永（1680～1746）跋「崇禎四甲辰上之十年孟冬後學豐壤趙寅永謹跋」。書中鈐有「豐壤趙秉元字稚善」章等印記。

　　是編卷一爲「冠禮」，卷二爲「昏禮」；卷三爲至卷之八爲「喪禮」、「祭禮」，首錄條目凡二十五條：初終、襲、小斂、大斂、成服、弔、聞喪、治葬、遷柩、發引、及墓、反哭、虞祭、卒哭、祔祭、小祥、大祥、禫祭、吉祭、改葬、祠堂、時祭、禰祭、忌日、墓祭。

　　喪、祭禮部份收錄的圖錄凡七十二圖：卒襲爲位之圖、立銘旌設靈牀依蘆之圖、幎目圖、魂帛圖、銘旌圖、跗圖、充耳圖、握手圖、冒圖、椅圖、小斂衾絞圖、靈牀圖、大斂衾絞圖、治棺圖、七星板圖、柩衣圖、凳圖、素錦褚圖、五服人相弔之圖、成服日奠弔之圖、本宗五服之圖、三父八母服之圖、三殤降服之圖、外黨妻黨服之圖、妻爲夫黨服之圖、出嫁女爲本宗降服之圖、爲人後者爲本生降服之圖、妾服之圖、冠圖、衰衣裁制之圖、衰衣前圖、衰衣後圖、衰裳圖、衰衣新制前圖、衰衣新制後圖、婦人冠圖、蓋頭圖、衣裳前後全圖、首絰圖、腰絰圖、絞帶圖、杖履圖、環絰圖、四腳巾圖、發引之圖、靈床圖、方相圖、喪轝圖、俗制小轝圖、翣翣圖、雲翣圖、功布圖、神主全圖、神主後圖、神主前圖、輓詞圖、跗圖、藉圖、韜圖、櫝蓋圖、總櫝圖、櫝座圖、玄纁圖、轆轤圖、轆轤下棺之圖、金井上去橫槓下棺之圖、周尺、虞卒哭陳器設饌圖、祔祭於祠堂之圖、祠堂全圖、正寢時祭之圖、時祭卜日之圖。

　　李縡（1680～1746），字熙卿，號陶庵，牛峰人，三淵學派代表人物之一，著有《陶庵先生文集》。光武四年（1900），韓國學者檜山黃泌秀在李陶庵先生著述基礎上《增補四禮便覽》，其序中有對《便覽》下述評價：「議禮之家，名爲聚訟，以其折衷之難也。自有陶庵先生《四禮便覽》一書，措之吉凶，條理不紊，煩簡得當，人易奉行，無敢異言，遂爲禮門法律。」

38、李瀷：《星湖先生禮式》

皆有幣者見婦之父及母皆用幣也拠禮當以雜為

之家禮易之以幣從時也

喪禮

初終　疾病遷居正寢節

大記士之妻皆宛于適寢必偯公薨于小寢而議其

就夫人之寢則男女正終宣可混處下室內堂亦桶

正寢則婦人之苑恕指此而云也

士喪礼宛于適室註正寢之室故病者東首於北牖

下與祭礼所謂正寢不同彼則在堂此則在室也然

此乃從病者正終之意非養病者之所為耳

〔朝鮮〕李瀷（1681～1763）：

《星湖先生禮式》，韓國學中央研究院藏未知年代手鈔本。

　　四周雙邊，有界欄，每半葉十行，每行二十字。版心白口，上下黑魚尾，首卷首行題「星湖先生禮式」，次行低一格題「刪節冠禮」。文前有星湖先生禮式目錄、序：「丁亥十月日門人尹東奎謹書」、「歲己丑南至後日門人漢山安鼎福敬序」，文末跋：「丙戌仲夏從子秉休敬識」。是書爲星湖先生李瀷所著《禮說》的禮式部份，收錄刪節冠儀、娶婦儀、嫁女儀、家祭儀、參禮儀、墓祭儀、祭式、忌祭、墓祭、參禮、喪內行祭式、威喪日記、威喪日記續錄、避亂埋主說、修墓記、修墓祝式等十六個條目。威喪日記條前有作者自序，後有續錄，該部份爲作者記錄喪禮處理之心得。墓祭條部份分具饌、陳饌、參神、降神、初獻、亞獻、終獻、辭神、祭后土、布席、陳饌、降神、參神三獻、祭式等條。修墓祝式分高祖考忌日出主祝〈祭祝〉、攝事時出主祝〈祭祝〉、高祖妣日出主祝〈祭祝〉、曾祖考忌日出主祝〈祭祝〉、曾祖妣忌日出主祝〈祭祝〉、叔父忌日出主祝〈祭祝〉、叔母忌日出主祝〈祭祝〉、亡室忌日出主祝〈祭祝〉、亡子忌日攝事時出主祝〈祭祝〉。

　　喪禮部份收錄儀節有：初終疾病遷居正寢節、復章、立喪主節、主婦節、治棺節、執事者設幃節、陳襲衣節、沐浴飯含之具節、乃沐浴節、襲節、翠節、作主節、發引前一日回朝奠以遷柩告節、朝祖節、遂遷於廳事節、親賓致奠賻節、陳器節、日晡時設祖奠節、厥明遷柩就舉節、乃設遣奠節、祝奉魂帛升車節、柩行節、主人以下男女哭步從節、尊長次之節、親賓設幃節、及墓節、親賓次節、遂設奠節、主人男女各就位哭節、賓客拜辭節、乃窆節、主人贈節、加灰隔內外蓋節、實以灰節、祠后土節、下誌石、題主節、祝奉神主升車節、執事者徹靈座節、墳高四尺節、反哭節、主人以下哭於廳事節、遂詣靈座前哭節、期九月之喪者節、虞祭、執事者陳器節、祝出神主於座節、祝啓門節、祝埋魂帛節、罷朝夕奠節、卒哭、詣祠堂節、敘立節、參神節、祝進饌節、小祥、三獻節、止朝夕哭節、大祥、告遷於祠堂節、徹靈座節、禫、居喪雜儀、致賻奠狀、慰人父母亡疏、父母亡答人慰疏、祖父亡答人啓狀。

39、李瀷：《星湖先生禮說類編》

星湖先生禮說類編卷之一

家禮圖

答秉休問目

家禮圖與家禮本文不合者甚多其非朱子所作則較

矣愚伏以為楊復所為此固無考而沙溪固主式圖有

大德字定為元明人所為者亦不是按神主式下云家

禮舊本用皇字大德年間省郤禁止今用顯可此繫句

即明胡廣輩撰性理大全時所題者也其曰家禮舊

本即此主式圖則大德以前已有此圖可知是豈元明

人所為乎臆意惡是潘是舉所撰潘即朱門人也今觀

〔朝鮮〕李瀷（1681～1763）：

《星湖先生禮說類編》，清康熙間朝鮮刊本。

—92—

　　全書共計六卷，裝成七冊，四周雙邊，半葉框高二十九點二釐米，高十八點四釐米，每半葉十一行，每行二十二字，注文小字雙行。版心白口，表題「星湖先生禮說類編」。

　　通禮部份收錄的條目有：家禮圖九種、四龕奉主之論兩條、宗法之論十條、班祔之論七條、異姓奉祀之論三條、晨謁之論三條、參之論十一條、俗節之論七條、薦新之論兩條、有事則告之論三條、祠堂有火之論一條、遞遷之論十一條、不遷之位五條、深衣制度之論四條。冠禮部份收錄條目五條、昏禮部份收錄條目五條。

　　喪禮部份收錄的條目有：初終之論三條、易服之論四條、治棺之論四條、沐浴之論一條、襲之論十條、飯含之論四條、靈座之論三條、銘旌之論五條、小斂之論二十七條、大斂之論四條、成服之論兩條、婦人服制兩條、童子服制六條、斬衰之論八條、齊衰之論十條、杖期之論兩條、不杖期之論二十條、齊衰三月之論兩條、大功之論七條、小功之論三條、緦麻之論七條、殤服之論四條、朝夕哭奠之論八條、上食之論九條、喪內朔望之論八條、喪內俗節之論三條、吊之論十一條、奔喪之論三條、附喪中立後者發喪之儀之論四條、治葬之論十九條、遷柩之論一條、朝祖之論四條、遷于廳事之論兩條、祖奠之論四條、遣奠之論五條、發引之論五條、窆之論十一條、題主之論二十五條、反哭之論六條、殤喪治葬之論兩條、改葬之論三十六條、虞葬之論兩條、虞祭之論二十六條、卒哭之論三條、祔祭之論十二條、小祥之論二十四條、附聞喪後者練祥變除之論十二條、附喪中立後練祥禫變除兩條、附亡在月晦者練祥禫變除之論一條、大祥之論二十條、禫祭之論三十二條、附吉祭三十二條、居喪雜儀之論十二條、書疏七種。

　　祭禮部份收錄的條目有：時祭之論七十一條、初祖之論三條、先祖之論一條、忌日之論十六條、附喪內行祭式九種、墓祭之論二十二條、附國恤行禮之論六條、附王朝禮之論十條。

　　李瀷（1681～1763），字子新，號星湖，朝鮮京畿道驪州人，生於朝鮮肅宗七年，卒於朝鮮英祖三十九年。李氏朝鮮後期哲學家、實學派代表人物，終身不仕，從事學術研究，著有《星湖僿說》、《星湖文集》、《藿憂錄》。

40、申近：《疑禮類說》

疑禮類說卷之一

通禮　祠堂

　　祠堂影堂同異説

程子曰古者庶人祭於寢士大夫祭於廟廡人無廟可立影堂○劉氏璞孫曰伊川云祭時不可用影故文公改影堂○退溪李滉字景浩諡文純曰自宗廟之制廢士大夫祭先日祠堂○之室謂之影堂蓋奉安畫像於此而祭之故稱影堂即祠堂也家廟在東義及就人居營立説語類問家廟在東莫是親親之義否曰此是人子不死其親

疑禮類說卷之一

〔朝鮮〕申近（1694～1764）：《疑禮類説》，朝鮮未知年代刊本。

　　全書共計十一卷，裝成五冊，四周單邊，半葉高二十四點九釐米，寬十七點九釐米，全本框高三十二點八釐米，寬二十點八釐米。每半葉十行，每行二十三字，注文小字雙行。版心黑口，上下三葉花紋魚尾，版心中端題「疑禮類說」卷次，下方記葉次，首卷首行題「疑禮類說卷之一」，第二行低一格題「通禮 祠堂」，第三行低兩格題「祠堂影堂同異說」，卷末有尾題。卷前有二序「癸卯季夏告靈申近序」、「上十六年壬子嘉善大夫司憲府大司憲錦城丁範祖謹序」，卷末有跋「通訓大夫前行議政府檢詳兼春秋館記事官西學教授韓光植謹跋」，卷末并有刊記：「壬子季秋日貞洞開刊」。是書現藏於韓國精神文化研究院。

　　是書卷之一爲通禮，卷之二爲冠禮、昏禮，卷之三至卷之十一爲喪、祭禮。喪禮部份收錄的條目有：初終、復、易服、被髮、治棺、袒括髮免髽、布巾環絰賓代哭、大斂、成殯、成服、斬衰、婦人服制、服制總論〈妾爲君之父母服期、童子服、承重孫妻從夫服、父爲長子服、祖爲嫡孫不服斬、齊衰、母爲長子三年、收養子爲收養父母服、婦爲舅姑從夫服、代服追服、父喪中母死、父在爲母期、爲嫁母出母服、杖期不杖期、爲人後者及妻爲本生服、女無夫與子者爲其父母猶服期、妾爲女君服期女君不爲服、庶屬服製禮無等差、大功服制及除服計閏、小功服制、緦麻服制、齊衰五月三月、內外兼親服、繼父服、承重妾子無嫡、爲庶母服及主喪、外繼祖母外姑服、三寸姑母夫舅之妻皆無服、兼親服、爲出母生母黨降服、三殤服制、師友服、童子服制與成人不同、稅服、喪中立後及幼時遭故長後追服〉、追喪、朝夕哭不拜及朝襄帷說、朝夕奠、上食、朔望奠及設位行奠說、弔喪受弔等說、喪中不弔說、國君弔臣喪、慰答疏卜論、孤哀稱號、聞喪、奔喪、治葬、開塋域祀后土、合葬、祔葬、穿壙、灰隔、窆葬之具、遣奠、發引并有喪先輕、題主、題主者服色、成墳碑碣物附、反哭廬墓等、虞祭、祔祭、小祥練服、大祥禫服、時祭、忌祭、墓祭各說、國恤、服制說諸條。

　　《疑禮類說》一書由冠、昏、喪、祭四禮推而及宗廟、國恤、祠典，申氏將「卜難疑解之類，卒以條分，分作名目，一事而眾說不同，一貫而前後異論者，咸取並存，間或參互異同，添附己意，務歸折衷。」

41、朴聖源：《疑禮類輯》

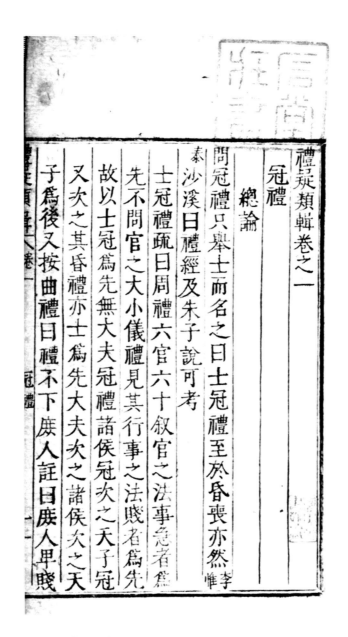

〔朝鮮〕朴聖源（1697~1757）編撰：

《禮疑類輯》，清乾隆四十八年（1783）朝鮮芸閣活字本。

　　全書共計二十四卷，目錄二卷，附錄二卷，分十五冊，四周雙邊，每半葉高二十一點六釐米，寬十三點八釐米，有界格，半葉十行二十字，注文小字雙行，上內向白魚尾黃紙青絲五針綴線裝，楮紙，版心上題「禮疑類輯」，書根題「禮疑輯」，卷首附御製序「予即祚之七年癸卯孟冬初九日奎章閣原任直閣原州牧使知制教臣徐鼎修奉教謹書」、「崇禎紀元後三戊寅仲夏下浣凝川朴聖源書」，首卷首行題「禮疑類輯卷之一」，次行低一格題「冠禮」，第三行低兩格題「總論」，卷末最後一行有尾題。每冊封面題書名及篇名，序末木版印文「奎章之寶」，續朝鮮正祖七年（1783）「御製禮疑輯序」、作者自序「崇禎紀元後三戊寅（1758）仲夏下浣凝川朴聖原書」，《禮疑類輯》引用書目，凡例十六則，《禮疑類輯》目錄上、下。是書現藏臺北國立中央圖書館，書中鈐有「國立中央圖書館藏書」朱文長方印、「奎章之寶」朱文方印、「石堂藏書」朱文方印、「光山」朱文方印、「金聖洙宗源印」白文方印、「□古堂藏書」白文方印。

　　是書「凡二十九家，三十七書，逐條補入，費十數年之精力，而書使成，釐為二十四卷，附錄二卷，總名之曰《禮疑類輯》，其目卷一曰冠禮，卷二為昏禮，卷三至卷十五為喪禮，卷十六至卷十九曰喪變禮，卷二十三曰祭禮，卷二十四曰祭變禮，附錄上曰宗法附，附錄下曰雜禮，每卷首第二行低一字書大目如冠禮、昏禮，第三行低二字書小目。」該書卷一為冠禮，卷二為婚禮編，卷三為喪禮〈成服〉，卷四為喪禮〈沐浴喪禮備要紙頭私記-魂帛〉，卷五卷六為五服，卷七為朝夕哭奠，卷八為〈葬期-成墳〉，卷九為〈窆-廬墓〉，卷十為虞祭、小祥，卷十一為大祥，卷十二為居喪雜儀，卷十三為喪中行祭，卷十四為父在母喪，卷十五卷為國恤，卷十六為喪變禮，卷十七為并有變殯，卷十八為途有喪，卷十九為草殯、權葬〈假葬〉，卷二十至二十四為祭禮。

　　國家圖書館善本書室另藏《禮疑類輯》朝鮮舊抄本，半葉十行，每行二十字，注文小字雙行，框高二十一點一公分，寬十五點四公分，公分藏印：「得書知我□」朱文橢圓印、「千金勿傳」白文方印、「意在筆墨外」朱文方印、「言光上國」白文橢圓印、「談筆鴻儒」白文橢圓印、「在奎」白文方印、「洪春裕印」朱白文方印、「國立中央圖書館保管」朱文方印。

禮疑類輯卷之一

冠禮

　總論

問冠禮只舉士而名之曰士冠禮至於昏喪亦然惟李

泰汝溪曰禮經及朱子說可考

士冠禮疏曰周禮六官六十叙官之法事急者為

先不問官之大小儀禮見其行事之法賤者為先

故以士冠為先無大夫冠禮諸侯冠次之天子冠

又次之其昏禮亦士為先大夫次之諸侯次之天

子為後又按曲禮曰禮不下庶人註曰庶人甲賤

42、柳長源：《常變通考》

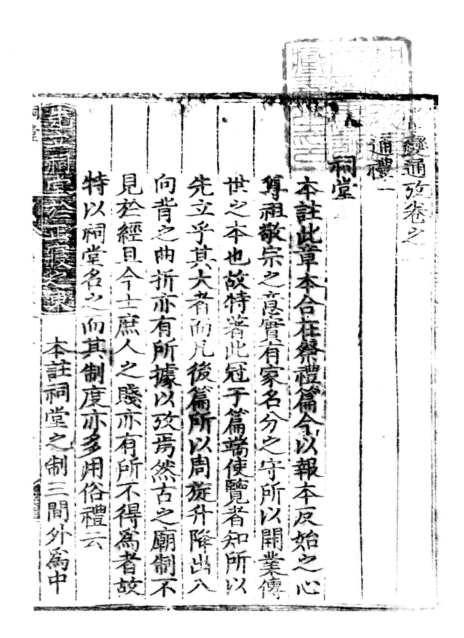

〔朝鮮〕柳長源（1724～1796）：

《常變通考》，朝鮮未知年代木活字刊本。

全書共計三十卷，裝成十六冊。框高二十一點二釐米，寬十六點五釐米。有界格，四周雙邊，每半葉十一行，每行二十一字。版心白口內向二葉花紋魚尾，版心中端題「常變通攷」。收錄喪祭禮十九卷，裝成十六冊，首卷首行題「常變通攷卷之一」，次行低一格題「通禮一」，三行低三格題「祠堂」，內文中有墨底白字。文首末附凡例、凡例後書「癸卯長至日完山柳長源識」、引用書目、先儒姓氏、總論、伊川禮序，李秉遠、柳致明跋「上之三十年五月韓山李秉遠謹書」、「庚寅寒蟬節曾孫致明謹跋」。自七卷至二十二卷爲喪禮部份，收有初終、襲、小斂、大斂、成服、服制、朝夕哭奠、上食、弔奠賻、客喪、喪中死、殤喪、聞喪、奔喪、治葬、遷柩、朝祖、祖奠、發引、下棺、題主、成墳、石物、反哭、虞祭、卒哭、祔、小祥、大祥、禫、吉葬、合葬、改葬、居喪雜儀、書疏式九等條。自二十三卷至二十五卷爲葬禮部份，收有總論、時祭、初祖、先祖、禰、忌日、墓祭、土神祭等條。

卷二十九至卷三十爲家禮考疑部份，亦收錄初終、沐浴、襲、奠、爲位、飯含、靈座、魂帛、銘旌、小斂、祖、括髮、免、髽、奠、代哭、大斂、成服、朝夕哭、奠、上食、弔、奠、賻、聞喪、奔喪、治葬、遷柩、朝祖、陳器、祖奠、遣奠、發引、及墓、下棺、祠后土、題主、成墳、反哭、虞祭、卒哭、祔、小祥、大祥、禫、居喪雜儀等條式；祭禮部份首錄四時祭、初祖、先祖、禰、忌日、墓祭等條式。

是書以《家禮》爲底本，而並採經傳子集，隨類附見，以盡常變之節，逐節拈出《家禮》之本文，每條立爲一目，若有《家禮》之所未備者，則別爲條目以附之。每條採錄，亦以《家禮》居先，而正文不復識別，本註書「本註」二字。附註則以後人所添入，故與所引諸說，並從時世爲先後。參近世先儒說者，皆以標號別之，其引用師說處，書「先師」二字。是書參引的禮學經典中，韓國學者著述凡五十一種；中土歷代喪禮著述百八十五種；收錄禮學大儒姓氏中，韓國學者五十五人，中土歷代學者七十九人。

柳長源（1724～1796），朝鮮時期全州人，字叔遠，號東巖，安東之東部臨東水谷出身，受學於九思金樂行，另著有《四書纂註增補》。定齋先生柳致明在《家禮集解》序中講述本其先師柳東巖先生長源之《常禮通考》而成《集解》之經歷：「厄於或人妄加手分（朱子《家禮》，筆者注），附入諸註，亦得失相參，多所貽累，而後之人，或未深加究覈也。先師東巖先生，蓋嘗因而疏剔之，發揮之，定著《常變通攷》，精博悉備，無復遺憾矣！顧以先從《通

攷》理會者，每恨其浩穰而難於蒐索，致明竊不自揆，乃敢掇取其經禮可證援與夫訓詁名物者，而悉疏於本文之下。若其附註之謬入他條，及煩冗不切者，則或移附，或刪去。間亦僭附謬見，目爲《輯解》者四冊。有志於禮者，誠能先乎此而推之，以極夫《通攷》之全，則於器數之陳，精義之蘊，可兩盡而底於行，庶幾不畔於朱子嘉惠之至意云爾。」

43、朴胤源:《近齋禮說》

近齋禮說卷之一

冠禮

　將冠者服

　　深衣

所示深衣說添入一段此意思不可沒然朱子晚年

深衣下無續衽三字當改以去曲裾蓋楊氏未嘗云

朱子晚年深衣無續衽只謂以裳前後不可開爲續

衽而去其曲裾云耳今日求衽於身兩旁故不知裳

兩旁之爲續衽恐未必然且語意殊欠明瑩改之如

何楊氏既見家禮裳兩旁曲裾別用布一幅之爲續

冠禮　　　　　一一

〔朝鮮〕朴胤源（1734～1799）：

《近齋禮說》，日本早稻田大學藏朝鮮未知年代刊本。

全書共八卷，裝成元、亨、利、貞四冊。四周單邊，全本高三十一點四釐米，高二十釐米，半葉框高二十一點五釐米，寬十四點七釐米。每半葉十行，每行二十字，注文小字雙行。版心白口，上黑魚尾，象鼻上端題「近齋禮說」，版心中端題各卷卷名，如「卷之二　喪禮」，下方記各卷葉次。首卷首行題「近齋禮說卷之一」，次行低一個題「冠禮」，第三行低兩格題「將冠者服」，第四行低四格題「深衣」，卷末有尾題。文首附《近齋禮說》凡例五條、目錄：「卷一爲冠禮、昏禮；卷二至卷五爲喪禮；卷六至卷七爲喪變禮；卷八爲祭禮。附立後諸節、居家雜儀、冠服之制、《擊蒙要訓》《祭儀鈔》起疑」。是書現藏於日本早稻田大學圖書館。

喪禮部份收錄的條目凡九十條：初終、復、立喪主、易服、告喪、護喪、襲、飯含、銘旌、小斂、大斂、入棺、成殯、五服、成服、朝夕哭、奠、上食、生辰、弔慰、贈賻、葬期、啓殯、朝祖、遷於廳事、祖奠、遣奠、發引、穿壙、窆、題主、成墳、合葬、反哭、盧墓、虞祭、卒哭、祔祭、小祥、大祥、祔廟、祥後諸節、禫祭、禫後諸節、吉祭、居喪雜儀、服中雜儀、心喪諸節、離喪次諸節、書疏式、喪中行祭、五服變除、父在母喪諸節、妻喪諸節、殤喪諸節、師友喪諸節、國恤、喪變禮、奔喪、追喪、代喪、喪中身死、無後喪、追行之禮、草殯、喪變禮、祠堂、合櫝、晨謁、參、俗節、薦新、生辰祭、有事告、時祭、禰祭、忌祭、墓祭、省祭、遞遷、不遷之位、祭變禮、兩祭相值、祭祀攝行、支子祭先、攝主奉祀、祠墓遇變、立後諸節、居家雜儀、冠服之制。

朴胤源（1734～1799），字永叔，號近齋，潘南人，朝鮮後期儒學家，著有《近齋先生文集》。《朝鮮儒教淵源》記載：「朴近齋胤源，字永叔，潘南人。英祖甲寅生。生稟絕異，肌膚清瀅，性又夙慧，纔學語已解文字。與群兒遊不戲狎，談笑皆成文，雖玩好在前，若無睹也。己未正月，卒年六十六。有文集數十卷。」、「以經學聞於世，貧甚，所居不蔽風雨。常與吳允常講磨，拜繕工役，不仕。」贈資憲大夫、吏曹判書，兼成均館祭酒，謚文憲，行繕工監假監役。

贈資憲大夫吏曹判書兼成均館祭酒行繕工監監役近齋

朴先生諡狀

先生諱胤源字永叔姓朴氏潘南人遠祖文正公諱尚衷以文學

節義有名麗李是為潘南先生左議政平度公諱尚衷以勳業顯

本朝平度公玄孫舍人諱紹知士禍將作遯于嶺南為時名儒世

稱泊川先生　贈領議政文康公諱尚平度公之子曰諱應川諱監正

贈左贊成孫曰諱東民以學行薦授泰奉不就是生同中樞諱煥

　　贈吏曹參判諱世城是為先生高祖也當己亥禮

是生左副承旨　贈吏曹參判祖諱

論斥邪扶正為時名臣曾祖諱泰遠黃州牧使　贈吏曹參判祖諱

弼復　贈吏曹判書考諱師錫公州牧判官　贈議政府左贊成

越南國家圖書館藏近齋朴先生癸亥五月二十日草本諡狀。

44、丁若鏞：《喪禮外編》

檀弓箴誤一

公儀仲子之喪檀弓免焉

鄭云故為非禮以非仲子○箴曰檀弓之免與子游之麻

裏牡麻絰不同彼則子游不明言立適之義但以非禮之

服諷之使悟此則檀弓直云何居我未之前聞也既非隱

諷又何為此非禮之服乎鄭說未必然檀弓之族姓譜系

既無所考安知不為公儀仲子袒免之親

孔云檀弓在六國之時○箴曰章末云子游問諸孔子孔

〔朝鮮〕丁若鏞（1762～1836）：

《喪禮外編》，朝鮮十八世紀後手鈔本。

全書共計六卷，裝成兩冊。框高二十七釐米，寬十九點五釐米。每半葉十行，每行二十二字，四周雙邊，版心白口，上下花魚尾。表紙書名「檀弓箋誤」。首卷首行題「喪禮外編卷之一」，次行低十四格題「洌水丁鏞述」。第三行頂格題「檀弓箋誤一」，第四行低四格題「公儀仲子之喪檀弓免焉」。卷之一至卷之三爲第一冊：檀弓箋誤；卷之四至卷之六爲第三冊：檀弓箋誤；他篇箋誤。卷四爲檀弓箋誤、他篇箋誤、弔尊考；卷五爲古禮零言〈尸變、殯祭考、屈狄駁、絕族駁、率祖駁、帶率駁、袂肘駁、左衽駁、冒韜駁、帶下尺駁〉、禮考書頂、正體傳重辨；卷六爲國朝典禮考：成宗、玄祖、仁祖、英宗、正宗、嘉靖大禮議。

丁若鏞（1762～1836），字美庸、頌甫，號茶山、與猶堂、三眉、俟庵等，祖籍全羅道羅州，李氏朝鮮中期哲學家、實學家，歷任金井察訪、兵曹餐椅、左副承旨、谷山府使、檢閱、弘文館修撰、京畿道暗行御史等職務。著有《與猶堂全書》、《牧民心書》、《論語古今註》、《毛詩講義》等書。

丁氏又著有《喪禮四箋》，收在《與猶堂全集》中。

卷一至卷五爲喪儀匡，凡十六條〈始死、襲含、小斂、大斂、既殯、葬、虞祭、卒哭、祔祭、既葬、小祥、大祥、禫祭、附錄奔喪、方喪、大行之義〉，卷六至卷七爲喪具訂凡七十九條〈總義、銘、丹旐、旐、重、明衣裳、瞖笄、掩、瑱、幎目、握手、決、冒、帶、韜、笏、屨、深衣、纏、裹肚、勒帛、褲、婦人上服、婦人中帶、婦人雜服、鬠爪囊、飯巾、沐浴巾、米貝、魂帛、小斂絞、大斂絞、給、小斂衾、大斂衾、袍襖、小斂衣、大斂衣、夷衾、枕、補遺網巾、棺、七星板、秫灰、輓軸、欑塗、輴、輇、蜃車、柩車、大轝、棺飾、披、引紼、鐸、功布、輴碑綍、明器、上服下帳、帟、方相、方策、輓詞竿、行帷、補遺二條、遣車、玄纁、槨、茵、見、折、抗席、抗木、甄槨、壙制、墳封、莎草、誌石、神主〉，卷八至卷九喪服商凡三十三條〈名義、升數、總制、衣、裳、冠、首絰、環絰、腰絰、絞帶、布帶、杖、屨、中衣、深衣、墨衰、孝巾、布綱巾、方笠、涼笠、黃笠、白笠、括髮、披髮、免、髽、笄、總、婦人首絰、婦人絞帶、婦人服、受服、兼服〉，卷十至卷十六位喪期別凡二十六條〈父子、母子、出母、承重、出後、出嫁、祖孫、諸父、昆弟、舅姑、夫妻、搜叔、姊姒、嫡妾、嫡君、慈母、宗子、外親、雜敍、師友、臣僕、兼親、追服、改葬、變禮、緒論〉。

喪禮四箋卷之一

與猶堂集卷之三十八

洌水　丁鏞　編次

喪儀匡一

始死一　養疾　持體　改服　屬纊　行禱

士喪禮　大戴第五　小戴第十四
劉向別錄第十二

士仕西位卑者周禮所云上士中士下士也士之喪及
其父母之喪皆用此禮

賈公彥曰喪大記士沐粱士喪禮沐稻又大歛陳衣與
大記不同　鄭云彼天子之士此諸侯之士訝王此諸侯之士〇鏞

案三禮所記本多參錯過有不合輒宰割而爲之說曰

朝鮮總督府圖書館藏《喪禮四箋》抄本。

45、丁若鏞：《喪禮節要》

有疾男子居外寢婦人居內寢上甲一上乙二

卑幼各居于小寢唯內外宜謹也

疾革內外皆掃上甲四

氣已絕也侍者掃室堂賤者掃庭宇多塵則汛水

徹褻衣加新衣屬纊上甲五上甲八

無新衣則用垢污不甚者在斂而卒則不必加衣

牧體從今俗

古禮扶體今且從俗侍者為之〇用白紙條裂而撐之

或用斂布亦可先牧上體次牧下體

男女改服上甲七

〔朝鮮〕丁若鏞（1762～1836）《喪禮節要》：
朝鮮十八世紀後手鈔本。

　　全書共計二卷，共計五十二葉，半葉框高二十四點八釐米，寬十五點八釐米。是書收錄的條目有：節要凡十七條〈始卒、襲含、小斂、大斂、成服、成殯、啓殯、祖奠、發引、窆反哭、虞祭、卒哭祔、小祥、大祥、禫祭、奔喪、居喪之制〉、節要問答凡十四條〈始卒、襲含、小斂、大斂、成服、成殯、啓殯、祖奠、發引、窆反哭、虞祭、卒哭祔、小祥、大祥〉、讀禮書箚記凡三十四條〈沐用潘浴用香湯、襲衣用一稱、襲用深衣非古、斂以時服、沐浴不備事、唐宋剪鬚之謬、飯含不取盈、飯後卒襲唯掩瑱幎握履、被髮不宜飯含、襲有奠、遷居正寢有不便、復衣不可一定、旅館之復、扱袵非祖、被髮本於說髦、沙溪欲廢被髮、尸南首之義、楔齒有所不忍、綴足不用幾、始死奠不可廢、始死奠不用脯醢、護喪、司書、司貨、宜以親賓、爲位而哭宜遵古、赴書差等、被髮不可拜賓、哭無常聲、擗踊不可節、袒免皆暫時之禮、稽顙有二、上食之名、或問〉、五服圖表凡兩幅〈本宗五服圖、五服沿革圖〉、祭法考、祭期考、祭儀考、祭饌考、附見嘉禮之式。

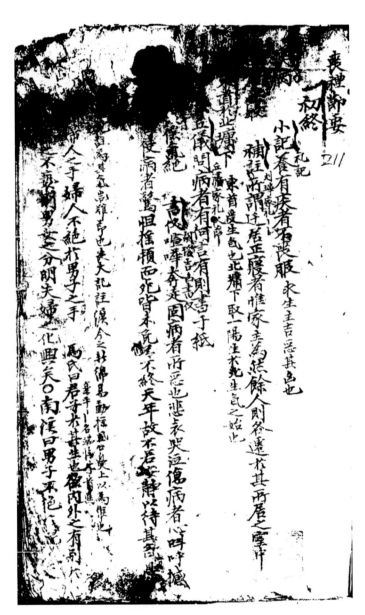

韓國學中央研究院藏未知年代殘本《喪禮節要》。

46、洪直弼：《梅山先生禮說》

梅山先生禮說卷一

冠昏禮

冠禮

圍城中行冠禮

四禮何莫不重而禮始於冠故聖人无所用心責以

成人而不以其道可乎以故先先生所述三禮篇有

日古人於圍城中行冠子禮今於平常時廢之何爲

也古人指尹穀也尹穀事亦錄奉幸觀焉此事當爲

天下萬世法盖禮義者與生俱生與死俱死一息未

泯此意不可恩也昔春翁冠子而曰草草尤翁復之

〔朝鮮〕洪直弼（1776～1852）：

《梅山先生禮說》，朝鮮未知年代木活字刊本。

　　全書共計七卷，裝成元、亨、利、貞四冊，每半葉二十一點八公分，寬十五公分，全本框高三十點九公分，寬十九點六公分。四周單邊，每半葉十行，每行二十字。版心白口，上二葉花紋魚尾，象鼻上端題「梅山先生禮說」，版心中端題卷次、卷名，下方記葉次，首卷首行題「梅山先生禮說卷一」，次行低一格題「冠昏禮」，第三行低兩格題「冠禮」，第四行低一格題「圍城中行冠禮」，卷末有尾題。表題「梅山禮說」，右下端記「後學李畦藏」。文前有金氏序：「辛卯三月下浣後學光山金洛鉉謹敘」、凡例十則、卷末李氏跋：「癸巳五月初吉門人全義李鎮玉謹識」。

　　是書卷之一爲冠、昏禮，卷之二爲通禮，卷之三至卷之六爲喪禮，卷之七爲國禮。喪禮部份收錄的條目凡五十一條，每一條又分別收錄若干論：易服之論凡二條、立喪主之論凡九條、訃告之論凡一條、襲之論凡七條、飯含之論凡五條、魂帛之論凡三條、銘旌之論凡二條、小斂之論凡四條、成服之論凡二十二條、承重之論凡九條、本生服之論凡十一條、外黨服之論凡一條、夫黨服之論凡四條、養父母服之論凡四條、妾服之論凡十八條、殤服之論凡四條、制服之論凡十二條、追喪之論凡一條、稅服之論凡三條、師服之論凡六條、饋奠之論凡二十一條、朝夕哭之論凡二條、聞喪之論凡三條、并有喪之論凡三十三條、弔慰之論凡十六條、擇地之論凡八條、治葬之論凡九條、啓殯之論凡三條、朝祖之論凡六條、發引之論凡六條、窆之論凡八條、題主之論凡十九條、追後立主之論凡八條、成墳之論凡七條、葬時諸節之論凡一條、葬後諸節之論凡二條、反哭之論凡二條、虞祭之論凡三十一條、卒哭之論凡八條、祔之論凡三十二條、小祥之論凡三十條、大祥之論凡二十七條、禫之論凡三十四條、吉祭之論凡三十條、遞遷之論凡二十條、埋主之論凡八條、改葬之論凡三十九條、居喪雜儀之論凡十三條、心喪雜儀之論凡三條、喪中行祭之論凡十八條、服中雜儀之論凡十條。

　　洪直弼（1776～1852），字伯應，朝鮮唐城人，歷任黃海都事及主簿、軍資監正、經筵官，持平、執義、成均館祭酒、大司憲等職務。著有《梅山遺集》五十六卷。

　　《梅山先生禮說》一書據丙寅印本二十七冊及梅山門人李鎮玉戊午所編輯書牘問答五冊，旁加同門立雪時語錄諸條合輯而成，綱目凡七十六目九百三十九條。

47、張錫愚：《喪祭撮要》

喪祭撮要卷之一

初終具　新衣　浣濯者無則用　新綿　上服　去之不用襲斂

　　　　　　　尸以覆浴則

衾　因用襲斂　昨以覆尸　角枘　以角為之昨以摧虚者或用篦　几　者或用昨以綴足　床　則無

　門　扇　屏　帷

病革遷居正寢内外安靜間病者有何言則書以新綿置

臭口之上候氣息男子不絶於婦人之手婦人不絶於男

子之手加新衣既絶男女哭擗　手足雖冷青腹猶温則不可遽先皋復

正寢南溪曰謂安穩之寢室也此說出於正終之義當

以病者之俞進退

男女不相襲南溪曰恐非父母之謂也喪大記註曰君

〔朝鮮〕張錫愚（1786～1846）撰：

《喪祭撮要》，臺北國家圖書館藏朝鮮未知年代手鈔本。

　　全書共計三卷，首一卷，裝成一冊。全本高三十點二公分，寬二十點四公分，每半葉十行二十二字，注文小字雙行，亦為二十二字，無界格，無邊框。條目為朱筆圈校，天頭處有墨筆批點。首卷首行頂格題「喪祭撮要卷之一」，次行低二格題「初終具」，卷末有尾題。封面題書名「二禮撮要」，書根題「禮要」，封面內貼有「服菊花延年不老方」，扉葉有「丁丑年國恤時」及「丙申十二月九日」詔二文，正文前附喪禮及圖一卷。是書極為少見之善本，筆者僅見臺北國家圖書館善本書室有藏，書中鈐有「國立中央圖書館收藏」朱文長方印、「王氏二十八宿研齋祕笈之印」朱文長方印、「恭綽」朱文方印、「遐庵經眼」白文方印、「玉父」白文長方印。

　　卷一前有手繪圖十幅：本宗五服圖、三殤降服圖、外黨妻黨服圖、妻為夫黨服圖、添補諸服圖、兩位設饌圖、一位設饌圖、朔參饌圖、節祀饌圖、薦新饌圖。諸圖之後，有十二條目解：進饌式、斬齊五服之義、心喪三年、婦人心喪、五服之變、祭饌物式、祭拘忌、薦獻饌品、薦新饌品、有事告饌品、墓祭、墓祭笏記。

　　是書卷之一有為喪禮，述儀節二十三條：正寢、男女不相褻、皋復、夜半死者從來日、立喪主、護喪、司書司貨、左祖、重服人去冠當否、訃告、告喪、大帶、深衣、握手、女喪裏手之具、喪中身死、治喪預備、五服相弔儀、夏日三上食、成服之變、奔喪十二種、喪變雜儀、成殯之變。卷一後錄有二種葬法：動冢運法、舊山生旺法。卷之二至卷之三為葬禮，述儀節四十條：治葬、穿壙三種、朝祖、柳車、方相、明器、挽辭、翣扇、渴慢葬、虞葬之非、土地祝、題主十五種、反哭、虞祭十三種、卒哭、祔祭三種、弔狀、謝狀、慰疏、答疏、答狀、親功處別式七種、居喪雜儀一種、服中雜儀兩種、殤喪雜儀、練祭祝辭、心喪雜儀、長子喪諸節、祔廟告辭、禫祭祝文、吉祭十六種、大空亡日、改葬四條、虞祭祝、修墓十一種、祠堂儀十四種、俗節名義二十四種、時祭六種、忌祭十一種、墓祭五種。

　　又，全書三卷共錄述三十五種喪葬節具：初終具、易服之具、治棺具、沐浴具、襲具、奠具、為位具、飯含具、靈座具、魂帛具、銘旌具、小斂具、括髮免髽具、絰帶具、大斂具、成服具、奔喪具、成殯具、開塋域祠土地具、穿壙具、發引具、下棺具、造主具、題主具、小祥具、大祥具、禫祭具、吉祭具、改葬具、修墓具、參禮具、節薦具、時祭具、忌祭具、墓祭具。

　　臺北國家圖書館未考此書出自何人，筆者據韓國史料以為作者應為張錫愚（1786～1846），號新齋，朝鮮仁同人，官至中司馬官縣監，中樞院議官，著有《新齋遺稿》二十一卷共計十一冊，生平不詳。

48、任憲晦：《全齋先生禮說》

全齋先生禮說卷之一

冠昏禮

冠禮

冠禮見祠堂及父母時易服當否

冠禮見祠堂與父母時家禮及他禮書皆無易服之

文當仍三加時襴幞為之邪按儀禮見于君見扵鄉

大夫鄉先生有云易服服玄冠玄端爵韠服也註

云易服不朝服者非朝事也或依此易服以初加時

深衣幅巾邪宋石南達洙

昏禮

〔朝鮮〕任憲晦（1811～1876）著、田愚（1841～1922）編：
《全齋先生禮說》，高敬玄谷精舍刊本。

　　全書共計四卷，裝成兩冊。四周單邊，每半葉框高二十四公分，寬十六點八公分，全本框高三十點三公分，寬十九點五公分。有界格，每半葉十行，每行二十字，版心白口，上下三葉花紋魚尾，版心中端題「全齋禮說」卷次、卷名，下端記葉次，首卷首行題「全齋先生禮說卷之一」，次行低一格題「冠昏禮」，第三行低兩格題「冠禮」，第四行低三格題「冠禮見祠堂及父母時易服當否」，卷末有尾題及跋：「乙巳復月既望門人田愚謹跋」。

　　是書分爲冠、昏、喪、祭四部份，卷之一爲冠、昏禮，卷之二至卷之四爲喪、祭禮。喪禮部份收錄條目凡四十六條：初終之論凡五條、立喪主之論凡五條、易服之論凡四條、訃告之論凡一條、襲之論凡三條、魂帛之論凡四條、銘旌之論凡二條、小斂之論凡二條、大斂之論未錄、成服之論凡十二條、承重之論凡五條、本生服之論凡六條、外黨服之論凡二條、養父母服之論凡二條、妾子服之論凡三條、殤服之論凡二條、制服之論凡四條、追服之論凡三條、稅服之論凡一條、師服之論凡五條、遣奠之論凡十一條、聞喪之論凡四條、并有喪之論凡七條、弔慰之論凡十五條、治葬之論凡六條、啓殯之論凡一條、朝祖之論凡三條、發引之論凡三條、窆之論凡五條、題主之論凡九條、反哭之論凡一條、葬後諸節之論凡三條、虞祭之論凡九條、卒哭之論凡四條、祔之論凡八條、小祥之論凡二十二條、大祥之論凡十三條、禫之論凡十六條、吉祭之論凡七條、遞遷之論凡十條、埋主之論凡四條、改葬之論凡八條、居喪雜儀之論凡二十一條、心喪雜儀之論凡二條、喪中行祭之論凡三條、服中雜儀之論凡五條。

　　任憲晦（1811～1876），字明老、仲明，自號鼓山、全齋、希陽齋，朝鮮牙山人。生於純祖十一年，卒於高宗十三年，爲梅山先生洪直弼之門人，艮齋先生田愚之師，歷任經筵官、諭副護軍、大司憲兼祭酒、贈正二品資憲大夫、內部大臣，諡號文敬。著有《鼓山先生全集》、《全齋先生禮說》。是書爲任氏門人田愚編輯其先師之遺稿，田氏評價其師治禮之方法乃在：「謹於禮而視聽、思慮、動作咸從敬功做成，罔或有一毫恣肆之累，而其與人辯論儀章、節文者，亦無不自這根子上寫出，絕無片辭虛誇之象。」

49、姜鋹：《喪祭輯要》

喪祭輯要上

初終疾病遷居正寢儀節正寢即今正廳士喪記寢東首

於北牖下內外安靜屬纊以俟氣絕男子不絕於婦人之

手婦人不絕於男子之手既絕乃哭儀節以衾覆之男女

哭辨復侍者一人以死者之上衣左執領右執要自前榮

外屋中霤北面招以衣三呼曰某人復畢卷衣降覆尸男

女哭辨無襲上衣有官公服無官深衣皂衫之類婦人大

袖背子不以神神者嫁服綀神司馬公曰男子稱各婦人

稱字或補官封或依常時所稱檀弓北面諸幽之義也

［朝鮮］姜鋹（1819～1886）：《喪祭輯要》，
韓國學中央研究院藏丁酉（1897）宜春木活字刊本。

全書不分卷，裝成乾、坤兩冊。半葉框高二十三點五釐米，寬十五點五公分。四周單邊，有界欄，半葉九行，每行二十二字，注文小字雙行。版心白口，內向花魚尾，版心中端記題各卷名次，下方記葉次。首卷首行題「喪祭輯要上」，次行頂格題「初終疾病遷居正寢」，下方爲注文小字，卷末有尾題，天頭處有墨筆批點。是書輯入《愚溪禮說》，表題「愚溪禮說」，文前有兩序「白兔陬月下浣通仕郎前行義禁府都事凝川朴致馥書」、「癸巳仲春節內舍生全義李根玉」，并《喪祭輯要》序「歲辛酉季秋上瀚晉陽姜銑序」，序後爲凡例七則。表紙有內賜記：「梧林金相朝寄贈」，卷末有牌記：「歲在丁酉宜春活刊本」。

《輯要》文前爲諸證說：深衣證說、喪服證說、造主式〈主身式、趺式、蓋式、坐式、籍式、櫝式〉、服制證說。

內文收錄的喪禮條目有：初終疾病遷居正寢、既絕乃哭、復、楔齒、綴足、立喪主、主婦、護喪、易服不食、扱上袵、徒跣、易服、治棺、訃告親族、沐浴、設水、襲、飯含、設奠、爲位而哭、置靈座設魂帛、立銘旌、不作佛事、銘旌之具、小斂、大斂、成服、五服之人各服其服、食粥、朝奠、朝哭、夕奠、夕哭、食時上時、弔、聞喪、奔喪、啓期、擇日開塋域祠土地、遂穿壙作灰隔刻誌石造明器、作主、啓殯、因朝奠以遷柩告、奉柩朝祖、遣奠、發引、及墓、加灰隔、藏明器、下誌石、題主、成墳、封墳、虞祭、卒哭、祔、昭穆制度、小祥、大祥、中月而禫、吉祭、改葬、祠堂、弔者致奠賻狀、慰人父母喪疏、父母亡答人慰疏、平交答疏、儀節擬祖父母亡謝人吊賻會葬疏、慰人祖父母亡啓狀。

祝文式部份收錄條目有：襄奉擇日告靈座祝、開土祝、先塋祝、啓殯祝、朝奠祝、晨奠祝、行日祝、遣奠祝、土地祝、題主祝、初虞祝、祔廟告辭、小大祥夕奠祝、改題主祝、出主告辭、母先亡父喪畢妣位改題祝、合祭埋主祝、祧主改題祝、合祭祖以上祝、合祭新主祝、妣位祝、承重祖父喪畢考位祝、改葬開塋域祠土地祝、祠堂告辭、舊山土地祝、舊山主、啓墓祝、遷柩祝、發引祝、土地祝、封塋祝、遭新喪遷舊葬合窆先亡位祝、反哭後出主祝、虞祭祝、時祭祝、改莎土祝、位安祝、土地祝、安石告墓祝、忌祭、墓祭祝、授官祝、追贈出主祝、追贈改題祝、宗子生告廟祝。

圖片部份收錄家禮陳設圖、備要陳設圖、時俗合設圖等三圖。

50、柳重教：《四禮笏記》

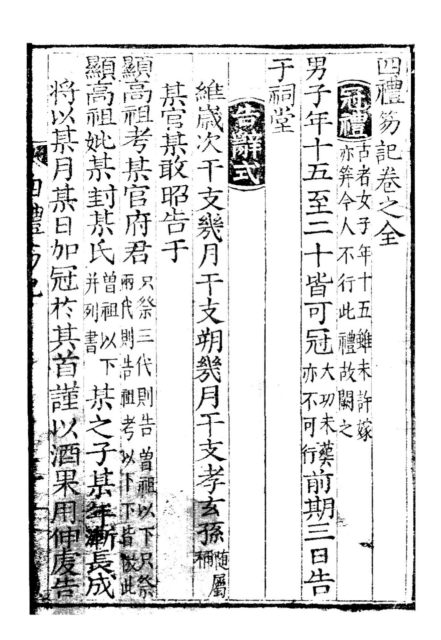

維歲次干支幾月干支朔幾月干支孝玄孫稱隨屬

其官某敢昭告于

顯高祖考某官府君　兩代則告祖考以下下皆倣此

顯高祖妣某封某氏　并列書曾祖以下　其之子某年漸長成

將以某月某日加冠於其首謹以酒果用伸虔告

告辭式

其官某敢昭告于

只祭三代則告曾祖以下只祭

于祠堂

男子年十五至二十皆可冠　亦不可行藥前期三日告大功未葬

冠禮　古者女子年十五雖未許嫁亦笄今人不行此禮故闕之

四禮笏記卷之全

〔朝鮮〕柳重教（1821～1893）：《四禮笏記》，
韓國成均館大學藏朝鮮高宗二十八年（1902）木活字刊本。

　　全書共計一卷，裝成兩冊。半葉框高十五點五釐米，寬十點五釐米，全本框高十九釐米，寬十二點五釐米。四周雙邊，有界格，每半葉十行二十字，注文小字雙行。版心白口，上黑魚尾，版心內題「四禮笏記」。文前有序：「玄黓攝提格（1902）柳麟錫藏板記，甲辰新刊內閣藏板」，首卷首行題「四禮笏記」，書中有黑底白字，卷末有尾題，附《四禮補遺》。

　　是編依次敘述冠禮告辭式、諸具，婚禮婚書式、告辭式、納彩諸具、婚日諸具，喪禮初終諸具、治喪等事，開塋域祀土地、祭禮時祭之具等事，書中鈐有「居金堂書」、「李恒重印」兩枚朱文方印。

　　喪禮部份儀節爲：初終諸具、経帶之具、成服之具、治葬、開塋域祀土地之具、開塋域祀土地祝文式、穿壙之具、窆葬之具、朝祖之具、發引之具、題主祝、題主之具、祝文式、虞祭卒哭小大祥禫祭、祝文式、虞祭陳器設饌圖、吉祭改題主告辭、埋主、埋主祝文式、合祭祖以上、合祭祖以上祝文、改葬之具、服制式、開塋域祀土地、祠堂告辭、啓墓告辭、虞祭、虞祭祝文式；祭禮部份收錄：時祭之具、忌日祭之具、考妣兩位設祭饌圖、一位設饌圖、一位設饌圖祝文式、茶禮、朔參饌圖、茶禮饌圖、薦新饌圖、墓祭、祀土地、改茅莎、告墓、有事告辭、告祔廟、紙榜式、弔狀式、答弔裝式、慰狀式、賻儀單子、爲人出入服；變禮部份收錄：朝夕哭當廢條、喪中死者設几筵條、上食用素條、擇葬地擇葬日告辭條、服制條、祠土地條、葬先塋告辭條、合葬時告先葬位條、朝祖條、父母同日下棺、贈玄纁條、題主條、合葬條、虞祔十一條〈告辭式、祝文式、祔祭有故退行前一日告廟祝、因朝上食告几筵祝、告前喪几筵式、告後喪几筵式、妻喪練祭前月下旬告卜日式、告新主式、父先亡已入廟當母死入廟告考位式、母先亡已入祠堂父死入廟告妣位式、卜日告辭式〉、祭服六條〈男子服、婦人服、告辭式、祠土地祝、祠堂失火、失廟主改造〉。

　　柳重教（1821～1893），字穉程，號省齋，本名孟教，字致政，朝鮮高興人，朝鮮王朝晚期重要的性理學家，除授繕工監假監役與司憲府持平。著有《省齋文集》六十卷。

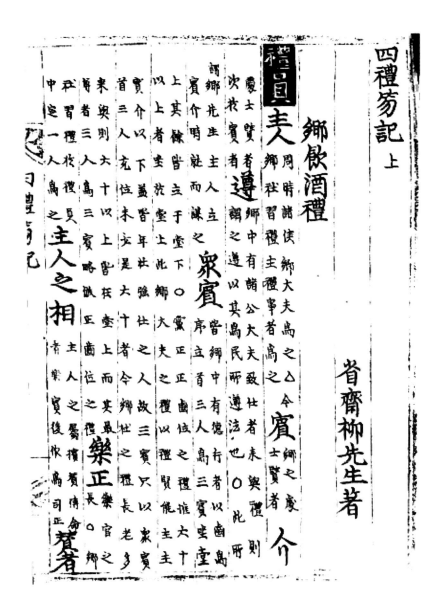

四禮笏記上　　　省齋柳先生著

鄉飲酒禮

禮圖

主人　　導　　眾賓

士賢者　　賓　　介

樂正　賓者

鄉飲酒禮　鄉大夫為之△今鄉之慶
賀士賢者鄉秋習禮主禮事者為之

鄉先生有齒德公大夫致仕者為之賓
次於賓者導謁之邊以其鄉民所導法也○此所

賓介明就而謀之邊以其鄉之
上其儀於主人立于堂下此鄉

首三人以克位未必大十者今
以上其儕皆立於堂上此鄉世

來與則大十以上皆任壺上而
眾者三人為三賓略敘正齒位之禮凡鄉世之人故三賓只以眾賓

中定一人為之相者樂賓者後依為司正鄉
正習禮校禮貝命主人之屬擯贊

習豐爲乙

朝國成均館大學藏朝鮮末期寫本《四禮笏記》。

51、柳重教：《四禮補遺》

四禮補遺　全

冠者再拜

冠者北向拜父母　父母爲之起　還就東西序每列拜

拜應答拜者答拜

婚禮諸具

送四柱單子　婿家先送婚生年月日　時俗人稱姓單

用大簡一幅皮封書四柱二字簡面中疊書云其

年其月其日其時以白紙斜裹又以杻木劈其半

而納單子于其間以紅線繫其下仍以其餘從上

繫其上端使人致于女家　女家饋之以饌給例錢

各一
各一

〔朝鮮〕柳重教（1821～1893）：《四禮補遺》，
韓國成均館大學藏朝鮮高宗二十八年（1902）木活字刊本。

　　《補遺》刊本與《笏記》同，為《笏記》之增補版。全書共計一卷。半葉框高十五點五釐米，寬十點五釐米，全本框高十九釐米，寬十二點五釐米，四周雙邊，有界格，每半葉十行二十字，注文小字雙行，版心白口，上黑魚尾，版心內題「四禮補遺」。文前有序：「玄黓攝提格（1902）柳麟錫藏板記，甲辰新刊內閣藏板」，首卷首行題「四禮補遺」，書中有黑底白字，卷末有尾題。

　　是書亦收錄冠、昏、喪、祭四目，冠禮部份補入「冠者再拜」條，婚禮部份補入：婚禮諸具、四柱單子、擇日、衣樣、醮禮、新禮進幣、解見禮、受采日、醮禮時、新禮時等條。喪禮部份則增補有喪人出入服、變禮、弔禮、朝夕哭當發、喪中死者設几筵、上食用素、擇葬地葬日告辭、服制、祠土地、葬先塋告辭、合葬時告先葬位、朝祖、父母同日下棺、贈玄纁、題主、合葬、虞祭、小祥、大祥、禫祭、國恤因山、奔喪、改葬、祭服、埋主、具石物告由祭、焚黃、墳山遭水火及遇賊、祠堂失火、失廟主改造諸條。

　　其中變禮部份補補錄弔禮、朝夕哭當廢條、喪中死者設几筵條、上食用素條、擇葬地擇葬日告辭條、服制條、祠土地條、葬先塋告辭條、合葬時告先葬條、朝祖條、父母同日下棺條、贈玄纁條、題主條、合葬條、虞祔條。告辭式部份補錄祔祭有故退行前一日告廟祝、因朝上食告几筵祝、告前喪几筵式、告後喪几筵式、妻喪練祭前月下旬告卜日式、告新主式、父先亡已入廟當母死入廟告考位式、母先亡已入祠堂父死入廟告妣位式、卜日告辭式、祠土地祝、主人身死為斂火災及廟斂殯後造主告由條。服祭條部份補錄男子服、婦人服二條。

52、宋秉珣：《四禮祝式》

四禮祝式

祝板以板為之長一尺高五寸
書文粘於其上祭畢焚之○問讀祝聲以
紙書文粘於其上祭畢焚之○問讀祝聲以

高低者退溪曰太高不可凡太低亦不
在位者得聞可也○不問凡太祭低亦不執事則要
文自讀之耶溪曰未安溪曰祖先則壓以尊故子猶而可名
父祭母同為○不妨又曰以尊故子所以

○冠禮責成人温公曰蓋古者二十而冠所以
其禮不可以於不其重也故者二十而冠所以
火者之行於不其重也故將責為人子為人

告祠堂祝辭前一期三日○四代共
維年月日必以維字發書之板諸告祝同共
維書經講義註凡策書告祝同

〔朝鮮〕宋秉珣（1839～1912）：
《四禮祝式》朝鮮高宗三十年（1893）抄本。

　　全書不分卷，一冊。框高十八點五釐米，寬二十四釐米，每半葉八行，每行十六字，注文小字雙行，無界格，版心白口，上下二葉花魚尾，中端題「四禮祝式」，下端記葉次。封面右題「庚寅三月上澣　抄」，左題「四禮祝式」，首卷首行題「四禮祝式」，下端題「便覽抄本」，第二行題「冠禮」，小字部份題「男子年二十二冠」。卷末有宋氏跋「崇禎後五癸巳習吹日德殷宋秉珣跋」，刊記：「丁未（1907）新刊」。

　　宋氏自敍是書之特色乃在羅列禮之祝辭與書式：「余曾於讀禮之暇，輯尙變所行之祝辭，隨其列目，各附辨解，乃推本古經，次之以先儒說，欲便其考閱也，覽者若病其不幷儀節，則《家禮》及《備要》已具矣，奚以架疊爲哉？是以命其編曰《四禮祝式》。」

　　全書收錄冠、昏、喪、祭四禮的祝式，冠禮部份收錄祝式凡十一條，昏禮部份收錄祝式凡四條，祭禮部份收錄祝式凡三十一條。喪禮部份收錄的祝式凡七十二條：復、告祠堂、銘旌、祠土地祝、合葬時告先葬祝、合葬開墓時告辭、同岡祖先墓告辭、啓殯告辭、朝祖告辭、遷柩告辭、祖奠告辭、遷柩就擧告辭、就擧後遣奠告辭、自他所歸葬告辭、題主祝、初虞祝、再虞祝、三虞祝、卒哭祝、祔祭、詣祠堂告辭、告祖考妣祝、告亡者祝、宗子有故使人攝行祝、宗子有故使人告亡者故、祖廟在遠紙榜行祭告儀、無後者喪中立後改題告辭、祖喪中父亡代服告辭、小祥祝文、聞訃後時者退行練祥告由、國恤葬前退行練祥告由、母喪中父亡告辭、大祥祝文、前一日祠堂告辭、新主前一日告辭、父先亡母喪祔廟告祝、父先亡母喪告靈筵祝、母先亡父喪入廟告祝、母先亡父喪告靈筵祝、禫祭祝文、卜日告辭、出主告辭、吉祭祝文、前一日改題主告辭、承重祖喪改題考妣神主告辭、母先亡父喪畢改題妣位告祝、出主告辭、祭禰者出主告辭、合祭埋主祝、合祭祖以上祝、合祭新主祝、父先亡母喪合祭祝、母先亡父喪合祭祝、父先亡母喪禫月行告祝、承重祖父喪畢告考位祝、埋祧主時告辭、將遷埋主時告辭、祧主改題告辭、改葬、祠土地祝、祠堂告辭、舊山祠土地祝、啓墓告辭、先期破墳告辭、遷柩時告辭、遣奠告辭、兩引相會路次告辭、新山祠土地祝、一虞祝、祠堂告辭、因改葬追造神主告辭、權葬題主祝。

　　宋秉珣（1839～1912），字東玉，號心石。朝鮮憲宗時期恩津人，爲宋時烈九代孫，官至義禁府都事，弘文館書筵官，賜諡文忠，著有《學問三要》三卷一冊、《四禮祝式》、《心石齋先生文集》三十五卷共計十五冊。

四禮祝式

板鳥之長一尺高五寸闊祭時以紙書文粘於
問讀祝聲高低退溪曰太高不可太
其祝上有些低不可要使在位者得聞可也○問凡祭無執事則
別為○○祗祭祖先之耶沙淡曰不妨又曰以子而名祭母固

○冠禮蓋將責為人子為人弟為人臣為人少者之行
故司馬溫公曰古者二十而冠所以責成人之禮
不可以不重也於其人故

告祠堂祝 祭前期三日○四代共
維書經講義註凡策書
維年月必以維字發之

年號幾年歲次干支幾月干支朔幾日干支孝子 最尊者自稱以
為主或孝玄孫孝曾孫孝孫曾子問註孝宗子之稱○郊特牲註祭主於孝祭稱孝子孝孫以祭之義為

韓國國立中央圖書館藏朱溪萬舍本《四禮祝式》。

53、田愚：《艮齋先生禮說》

〔朝鮮〕田愚（1841～1922）：

《艮齋先生禮說》，昭和八年木活字刻本。

　　全書共計六卷，裝爲五冊，四周單邊，框高二十一釐米，寬十六點二釐米，有界格，每半葉十行，每行二十字，注文小字雙行，白口，內向雙花魚尾，象鼻上端題有「艮齋先生禮說」，版心內題有各卷名。全書附凡例、目錄、跋「柔兆困敦仲春下浣門人田璣鎭謹識」。是書爲田氏門人權純編輯、陳泰鉉印行。分門別類，爲五卷，綱凡六十六〈前本爲六十四〉，目五百九十三〈前本爲五百七十〉。其論述有繁複者，刪繁就簡，至於關大體而前賢爲有所發者，不厭反覆而備載之。若一條而載數事者則從分類，或各載題目，注以互見，以資參考。首卷爲冠昏禮〈冠禮、昏禮〉、通禮〈宗法、出後〉、二卷爲通禮〈攝祀、班祔、晨謁、朔參、有事告〉、雜禮，三卷四卷爲喪禮，五卷爲國禮〈國禮、國服喪禮、國喪、雜錄〉。

　　喪禮收錄凡四十四條：復、楔齒、立喪主、易服、告喪、訃告、襲、飯含、魂帛、銘旌、入棺、成服、承重、本生服、外黨服、出母嫁母服、養母服、夫黨服、女君黨服、出嫁女本宗服、殤服、追喪、追服、師服、饋奠、靈床、朝夕哭、弔慰、葬禮、啓殯、朝祖、贈幣、題主、虞祭、告成、卒哭、祔、小祥、大祥、禫、廬墓、遞遷、改葬、居喪雜儀、喪中行祭等條。祭禮收錄凡五條：時祭、忌祭、墓祭、墓壇、影祭。國禮部份收錄凡四條：國禮、國服變禮、國哀、雜錄。

　　田愚（1841～1922），字子明，號艮齋，李氏朝鮮末期著名思想家、性禮學家，著有《艮齋私稿》。《艮齋禮說》一以《家禮》爲藍本，爲朱子理學爲宗的禮學思想論集。其核心爲冠昏喪祭皆因本宗法，遵行長幼有序、貴賤有等的家庭與社會秩序。

54、黃泌秀：《增補四禮便覽》

〔朝鮮〕黃泌秀（1842～1912）：

《增補四禮便覽》，光武庚子年書葉堂藏板。

　　全書共計八卷，裝成四冊。四周單邊，有界欄，每半葉十行，每行二十七字，注文小字雙行，版心白口，上白魚尾，象鼻上端題「增補四禮便覽」，版心內題卷次，如「卷之一　冠」，下方記葉次。扉頁中端大字題「增補四禮便覽」，上中端小字題「光武庚子新鐫」，左下端題「書葉堂藏板」。文前附重刊四禮便覽序：「光武四年春三月癸卯檜山黃泌秀書」，凡例十四則，文末附跋「崇禎四甲辰上之十年孟冬後學豐壤趙寅永謹跋」。首卷首行題「增補四禮便覽卷之一」，次行低一格題「冠禮」，第三行低兩格題「冠〔笄附〕」，內文中有墨底白字，卷末有尾題，卷後有圖錄。是書現藏於韓國國立中央圖書館，書中鈐有「朝鮮總督府圖書之印」朱文方印、「朝鮮總督府圖書館藏書之印」朱文方印。

　　黃氏認為，陶庵李縡所著之《四禮便覽》一書措之吉凶，條理不紊，煩簡得當，人易奉行，可為禮門法律。然而行之百年，求者甚眾，然而年久字不可讀，故黃氏欲壽其傳，在此次增補中又加入近人常變有可發明之論。增補之編，皆以古書，注釋之處，低三格書之。卷之一為冠禮：冠〔笄附〕；卷之二為昏禮：議昏、納采、納幣、親迎；卷之三至卷之八為喪禮：初終、襲、小斂、大斂、成服、弔、聞喪、治葬、遷柩、發引、及墓、反哭、虞祭、卒哭、祔祭、小祥、大祥、禫祭、吉祭、附改葬、祭禮、祠堂、時祭、禰祭、忌日、墓祭。文末附錄新式婚喪禮。每卷後附圖式。書中附錄有發引之圖、靈車圖、喪轝圖、俗制小轝圖、黻翣圖、雲翣圖、功布圖、輗詞圖、神主全圖、神主前圖、神主後圖、趺圖、藉圖、韜圖、櫝座圖、櫝蓋圖、玄纁圖、轆轤圖、轆轤下棺之圖、金井上去橫槓下棺之圖。

55、黃泌秀：《喪祭類鈔》

喪祭類抄

初終

疾革遷居正寢內外安靜以新綿置口鼻之上以俟氣絕
男子不絕於婦人之手婦人不絕於男子之手加新衣既
絕覆之以衾男女哭擗

皋復

侍者一人以死者常經上服升屋中霤北向招以
衣左執領右執要三呼曰某復乃遷之床南首以几綴足護以屏庵

復衣男女哭擗無數
尸上男女哭擗無數
衣復小斂後藏于靈座

立喪主

主人謂長子無則長孫承重以奉饋奠於父
者必妻無則主喪者之妻也

〔朝鮮〕黃泌秀（1842～1914）：

《喪祭類鈔》，日本早稻田大學藏朝鮮未知刊本。

全書不分卷，共一冊。高二十八釐米，四周單邊，有界欄，每半葉十四行，每行二十二字，注文小字雙行，版心白口，上黑魚尾。象鼻上端題「喪祭類鈔」，版心內中端題各卷條目如「初終 皐復 立喪主 襲」，首卷首行題「喪祭類鈔」，次行低二格題「初終」。文首附作者自序「檜山黃泌秀謹書」，《喪祭類鈔》目錄，卷末有尾題及「兩位設饌圖」、「單位設饌圖」、「朔參饌圖」、「節祀饌圖」、「薦新饌圖」、「進饌式」等圖，書中條目處為黑底白字。

是書收錄「儀節」部份條目凡二十七條：〈初終、皐復、立喪主、襲、靈座、小斂、大斂、成服、聞喪、治葬、發引、初虞、再虞、三虞、卒哭、祔祭、弔禮、小祥、大祥、禫、吉祭、改葬、祠堂、四時祭、忌祭、墓祭、家中土神祭〉。收錄「諸具類」部份條目凡十八條：〈初喪、襲、靈座、小斂、大斂、成服、聞喪、治葬、發引、虞祭、卒哭、祔祭、小祥、大祥、禫、吉祭、改葬、祠堂〉。收錄「服制類」部份條目凡九條：〈斬衰三年、齊衰三年、杖期、不杖期、五月、三月、大功、小功、緦麻〉。收錄「殤服類」部份條目凡四條：〈大功九月、大功七月、小功五月、緦麻〉；收錄「降服類」部份條目凡兩條：〈心喪三年、服制式假〉。收錄「服製圖」部份條目凡七條：〈本宗五服、外黨妻黨、妻為夫黨、嫁女為本宗、三殤降服、出係人降服、三父八母服〉。收錄「祝文類」部份條目凡五十條：〈屬纊告廟、開塋域土地、告先塋、合窆告先葬、啓殯、遷廳事、祖奠、遣奠、平土地、題主、虞祭、祔祭、大祥前一日告廟、禫祭出主、吉祭出主、先代改題、父喪畢改題妣位、親盡位祝、高祖考妣以下祝、新主位祝、母喪畢告考妣、母喪禫月考妣、妣位祝、祖喪畢祭考、親盡當埋視、親盡替遷視、改葬祠土地、告祠堂、啓舊墓祠土地、兩墓一遷一否、啓墓祝、就舉、祖奠、遣奠、葬後祠土地、告新墓、葬後告本龕、葬後反哭、出入告、有事告、時祭出主、時祭、受胙、禰、蝦辭、忌祭、墓祭、歲一祭、墓祭祠土地、祭家中土神〉。收錄「不時告由」部份條目凡六十六條：〈妻喪練祭、國恤中小祥、成服、追喪小大祥、三年內祖先忌日、三年後合櫝、先代別廟、賣家奉安於宗家附卜宅舊基還安、失喪服、追造神主、前喪神主追造後喪、合櫝時追造神主、國恤中無吉祭改題、追後改題、支孫奉祀改題、立後改題、失父追題、被水火盜賊亡失神主改題、改題後祠土地、婿祭妻父母、承嫡於祭所生母、女死本家朝祖、改莎草附祠土地慰安、追埋誌石、追立石物、榮墳、奉主赴任、支子權奉、旌門修理、失火墓慰安、亡親生辰、親喪年久後改葬追服附告祠堂、周甲追喪、傳重、追尋

先墓疑信啟墓、尋墓慰安、無徵古墓慰安、避亂時神主處置〉。收錄「慰狀類」部份條目凡十一條：〈慰疏、慰狀、慰本生親、答疏、答狀、出係人答狀、歸胙書、復書、獻者祝、酢長少祝、訃告〉。收錄「喪祭處變類」部份條目凡十七條：〈並有喪、代服、喪中立後、喪中出係、庶子壓尊爲母服、承嫡題主、喪中行祭、退行祥禫、兄弟中追服者禫、權袝、有故、兩位設饌圖、單位設饌圖、朔參饌圖、節祀饌圖、薦新饌圖、進饌式〉。

黃泌秀（1842～1914），字昌原，號愼村、道淵，著有《方藥合編》、《達道集注》。《喪祭類鈔》成書於《增補四禮便覽》之後，黃氏認爲，四禮中冠、昏二禮研究者頗多，不患無書，而喪、祭二禮「事在哀遑罔措，有書難檢」，是書文字諸具、祝式服制、慰問托條，各以類鈔，爲研究城外喪禮不可多得之善本。

懸吐詳註 喪祭類抄

初終

疾革이어든 遷居正寢하야 內外安靜케하고 以新綿으로 置口鼻之上하야 以

嗽氣絶호대 男子는 不絶於婦人之手며 婦人은 不絶於男子之手

加新衣하고 旣絶에 覆之以衾하고 男女哭擗하나니

皋復

欲還이나 不得也ㅣ오 三呼者는

其聚衆하야 … 依常時所稱이니라

侍者一人이 以死者當經上服으로 升屋中霤하야 北向招以衣

三呼曰某復하고 卷衣降覆尸上하고 男女

乃遷之床南首하고 以几綴足하고 護以屏하나니

哭擗無數하며

立喪主

懸吐詳註喪祭類抄 初終 皋復 立喪主

韓國國立中央圖書館藏懸吐詳注《喪祭類鈔》。

56、盧相益：《退溪寒岡星湖三先生禮說類輯》

宿賓

退溪寒岡星湖三先生禮說類輯卷之一

冠禮

宿賓

後學光州盧相益編

問宿賓或曰殯言使賓齋戒或曰是備忘武之俗言為疑

請也未知孰是（寒岡）曰宿進也宿者论失武、不必宿其

不宿者為象賓耳朱子答宿賓之問曰是武宿賓也是隨

武之揚氏曰廬武傅友之中又筮其可以冠子者筮得

其人宿而進之又問宿賓儐答辭未詳答曰將以行禮而

武賓者所以廬武傅友使来觀也既又廬武傅友之中又

笙女冠子者筮得其人於是宿而進之象賓武而不宿者

〔朝鮮〕盧相益（1849～？）：

《退溪寒岡星湖三先生禮說類輯》，朝鮮未知年代手鈔本。

全書共計五卷，裝成乾、坤兩冊，半葉框高二十七點六公分，寬十八點六公分。每半葉十行，每行二十二字，注文小字雙行，四周雙邊。版心白口，上下花魚尾，首卷首行題「退溪寒岡星湖三先生禮說類輯卷之一」，次行低一格題「冠禮」，下端記「後學光州盧相益編」，第三格低兩行題「宿賓」。

是書收錄退溪先生李滉、寒岡先生鄭逑、星湖先生李瀷三位朝鮮學者就四禮部份答門人弟子及其他學者言論。喪禮部份收錄所列具條目有：疾病、主喪、主婦、喪中立後、散髮、易服、襲、握手、飯含、斂、奠、治棺、銘旌、殯、喪服、朔望奠、上食、居喪、弔、書疏、孤哀稱號、奔喪、國喪而冠、并有喪、服中死、代父繼喪、父在為母喪、為人後服、為人後者為出生服、為繼子服、出嫁女為私親服、私親為姑姊妹服、為人後者妻為出生舅姑服、承重者妻姑在不得從服、外親服、適庶制服、適子為庶母服、妾為夫黨服、庶子為其母服、庶子為適母父母兄弟姊妹服、為收養父母服、為侍養父母服、師友服、追服、改葬服、塋葬卜地、祠后土、石灰、油灰、七星板、朝祖奠、朝祖、祖奠、遣奠、發引、挽辭、下帳、柩衣、贈幣、窆、隧道、下棺、作主、題主、誌石、合葬各葬、廬墓、并有喪葬禮、君臣禮葬、俗葬、墳墓遇宰、改葬、虞祭、卒哭、祔祭、練祥禫、新主入廟、改題主、吉祭、遞遷、始飲酒食肉、毀喪服、祧主奉遷最長房、別室藏主、心制喪祭、喪中合祭考妣、并有喪祭禮、臨祭有喪、喪中祭、喪中祭先服色。祭禮部份收錄廟制、奉祀世代、奉安位次、主祭、卜日、齋戒、祭服、序立、香桌、燭、祭饌、陳設、祭儀、祭初祖、不遷主、禰祭、忌祭、薦新、生辰祭、時祭拘忌、過時不祭、班祔、殤祭、攝祀、喪子承重、侍養奉祀、外家奉祀、妻親祭、立後、歸宗諸條。

57、張錫英：《四禮汰記》

四禮汰記卷第四

喪禮二

每日晨起主人以下脈其服入就位尊長坐哭卑者立哭侍者

設盥櫛之具于靈牀側然後朝奠執事者開魂帛箱設蔬果脯

醯祝盥手焚香斟酒主人以下再拜　儀禮未虞前無拜禮朝夕奠再拜家禮之變古世○

奠欲枕被　朝奠將至徹夕奠月恐臭敗則設饌如食頃去之只留茶酒果屬◇朝

且哭盡哀闔魂帛箱夕奠如朝奠儀侍者布秘安枕朝

喪之用素器○朝夕哭不惟

哭時除去殯宮帷哭竟帷之　面洗墨哭畫夜無時朔日則用殷

不得已親奠則權宜洗手亦不得已奠用素器祀之禮非如初祭　奠以後已是族屬鮮少喪人

奠日出夕奠速日○

奠魚肉爇米食羹飯各一器禮如朝奠儀不復饋食於正室

〔朝鮮〕張錫英（1851～1929）：《四禮汰記》，朝鮮木活字刻本。

　　全書共計六卷，裝成乾、坤兩冊，框高二十一點八釐米，寬三十三釐米，四周單邊，有界格，每半葉十行，每行二十四字，注文小字雙行。版心白口，內向雙黑魚尾，版心內題卷次條目，如「四禮汰記卷四　喪禮」，下方記葉次，首卷首行題「四禮汰記卷之一」，次行題「冠禮一」。文首刻版本正誤「卷一板三行十五字十三誤儐正殯」，作者自序「崇禎五癸亥之孟春仁州張錫英」，文末附跋「丙寅仲春門人安陵李鉉淑謹識」、「丙寅清明節門人檜山甘濟鉉謹識」、「丙寅仲春門人青己沈光澤謹書於後」。張氏另著有《九禮笏記》一冊，收錄冠禮、婚禮、朝禮、聘禮、喪禮、祭禮、賓主禮、鄉飲禮、軍旅禮，《汰記》一書之喪祭思想，則來源其《儀禮集傳》、《笏記》之喪祭部份及《四禮輯要》、《讀禮通考》與李滉、宋時烈、柳成龍、柳長源等學者的經學思想。張氏自序道：「余自早歲愛讀禮書，參互演繹，既數十年作《儀禮集傳》，節取注疏而參以後賢諸說，求通於古今之宜，又定九禮之笏（注：即《九禮笏記》），又節四禮之要，主家禮而旁取諸家。」考之「汰記」一詞乃取《檀弓》篇之典故：司士賁告於子游曰：「請襲於牀。」子游曰：「諾。」縣子聞之，曰：「汰哉叔氏！專以禮許人。」故張氏曰：「節取聖賢之言，固知僭妄無所逃於汰哉之誚，所以名其書曰《汰記》。」是書卷之一為冠禮，卷之二為昏禮，卷之三至卷之五為喪禮，卷之六為祭禮。

　　喪禮部份收錄的條目有：喪具、屬纊、皋復、立喪主主婦、立諸執事、易服不食、告赴、治棺、襲含之具、襲含、設魂帛置靈座銘旌、小斂之具、小斂、大斂之具、大斂、立倚廬、成服之具、成服、奠上食、弔禮、客喪、聞喪奔喪、營葬開塋域、葬具、啓殯朝祖陳器祖奠、發引下棺、題主、返魂、初虞、再虞、卒哭、書疏式、祔祭、改葬、合葬、墳墓有事、小祥、大祥、禫祭、吉祭、父在母喪、父母並喪、承重、父祖並喪、重喪中並有輕喪、喪內入後、妻喪、子喪、殤喪、居喪之儀。

　　祭禮部份收錄的條目有：廟禮、宗法、時祭、初祖先祖禰祭、忌祭、喪中不祭、焚黃祭、墓祭、俗節、土神祭、祀龜、禁淫祀、附國恤禮。

　　張錫英（1851～1929），字舜華，號晦堂，朝鮮哲宗時期仁同人，著有《晦堂先生文集》、《論語記疑》、《九禮笏記》，其餘生卒年不詳。

58、盧相稷：《常體便覽》

〔朝鮮〕盧相稷（1853～1933）：《常體便覽》，
韓國成均館大學藏朝鮮光武八年（1904）序刊本。

全書共計五卷，裝成二冊。半葉框高十九釐米，寬十五點二釐米，全本框高二十八釐米，寬十九點三釐米。四周雙邊，有界格，每半葉十行，每行二十字，注文小字雙行，字同。版心白口，雙花紋魚尾，版心中端題「常體便覽」卷次，首卷首行題「常體便覽卷之一」，次行低十二字題「光州盧相稷致八篇」，第三行低三格題「晨謁儀」卷末有尾題。是書依次敘述祠堂諸儀、家宴上壽儀、鄉飲酒儀、士相見儀、釋菜釋奠儀等節，凡五十五儀。卷首附《常體便覽》目錄，序：「甲辰立春節光州盧相稷書」。

卷之一、二爲喪禮部份。卷之一收儀節凡四十一條，分別爲：晨謁儀、出入告儀、參儀、薦獻儀、告事儀、家宴上壽儀、冠儀、附簡便行禮之儀、笄儀、納采儀、請期儀、納幣儀、親迎儀、初終儀、小斂儀、大斂儀、成服儀、朝夕哭奠儀、上食儀、朔奠儀、望奠儀、薦新儀、弔儀、奔喪儀、祠后土儀、遷柩儀、朝祖儀、祖奠儀、遣奠儀、發引儀、窆儀、題主儀、返哭儀、士林會儀、返葬儀、改葬儀、喪中改葬儀、虞祭儀、再虞儀、三虞儀、卒哭儀、祔祭儀、書慰儀。卷之二收小祥儀、大祥儀、禫祭儀、吉祭儀、埋祧主儀、祧主長房遷奉儀、時祭儀、墓祭儀。

盧相稷（1853～1933），號小訥，光州人，師承性齋先生許傳，著有《小訥先生文集》。在《常體便覽》中，盧氏介紹其著作大致情況：「常體乃冠、昏、喪、祭四禮，而四禮之行無不關係乎祠堂，故首以祠堂之儀、父母之養，又有急於四禮，故家宴上壽之儀次之支，於四禮而亦或有不得不講者，故閒有所別立條者至如鄉飲、士見等儀，家塾之所常行，故并錄之，釋菜釋奠亦不可不謂塾徒之前途己任，故一依原文而附之凡五十五儀。」

該書所論未出四禮，但此書之異於他著之處，乃以「常體」爲主旨，即作者全文所列儀式中，未見引註他著之觀點，似成一家。蓋筆者以爲「臨事就考，眩於眾說，莫知所從，此便覽在之所以成而不遑講究變節，唯恐失其常體也。」又筆者僅以「儀節」爲依託收初喪禮至祥禫諸節，而未在《便覽》一書中羅列喪禮祝式、諸具、亦未將某一程式做出學術探討意義上的陳述而僅作「便覽」意義上的工具定式。

59、柳璉：《喪禮略抄》

喪禮略抄
初終具　新衣……侍者……上衣

疾病遷居正寢內外安靜以俟氣絶男子不絶於婦人之手婦人不絶於男子之

手侍者四人持體屬纊既絶乃哭侍者一人以宛者之上衣當經衣者左執領右執

要自前榮升屋中霤北面招以三呼曰某人復礼單卷衣降覆尸上男女哭擗無

人復礼招單卷衣降覆尸上男女哭擗無數楔齒綴足司書司貨子弟或吏僕為之

有衣字上當□□之所以□或用楔齒以

乃易眠不食妻子婦妾去冠及上衣披髮

易眼具

〔朝鮮〕柳璉（1866～1942）：

《喪禮略抄》，韓國國立中央圖書館藏未知年代手鈔本。

　　全書共計二十九葉，一冊。每半葉框高十九公分，寬十五點八公分，無邊框，無界欄，每半葉十二行，每行十六字，注文小字雙行。卷首第一行頂格題「喪禮略抄」，最低端鈐有「柳基松印」朱文圓印，次行低一格題「初終具」，下書雙行注文小字。表題「喪禮略抄」，是書爲韓國國立中央圖書館藏柳基松寄贈其曾祖柳璡之鈔本。

　　書中論述的儀節條目有：初終具、易服具、訃告書、治棺具、遷屍具、沐浴具、襲具、飯含具、靈座具、魂帛具、銘旌具、小斂具、環絰具、括髮免髺具、絰帶具、大斂具、成殯具、成服具、奔喪具、服制、異姓之親、殤服、朝夕哭奠上食、開塋域祠土地具、祝文式、穿壙具、遂穿壙作灰隔、發引具、祠土地具、題主具、虞祭祝文式、小祥、大祥具、禫祭具、改題主祝、出主告辭、合祭埋主祝、合祭祖以上祝、合祭神主祝、改葬具、祠堂告辭、舊山祠土地祝文、啓墓告辭、虞祭祝文、忌日祭具、陳設後祝文、改莎草告墓、祠土地、改莎草後慰安祝、具石物告墓、具石物祠土地祝、墓祭儀、祠土地、俗歲一墓祭、弔狀式、慰人父母亡疏、慰人祖父母亡啓狀、父母亡答人慰疏、祖父母亡答人啓狀、本宗五服更爲詳題、外黨妻黨服之題、時食饌品、薦獻饌品、薦新饌品、忌祭饌品、墓祭饌品、進饌式。并繪三圖：朔參饌圖、薦新饌圖、陳器設饌之圖。《略抄》後爲變禮五條：備物之祀、埋安、大小祥祝、題主後告由、神主移安還安或奉遷他處。

60、金鍾厚：《家禮集考》

家禮集考 卷第一

通禮

此篇所著皆所謂有家日用之常體不可一日而

按有家以下是引序文以釋通禮之義蓋

不修者　冠昏喪祭各以時舉唯此篇為日用常體

而通行乎冠昏喪祭耳○又按此書本因司馬氏

書儀而塽枯焉書儀影堂附祭禮淡衣附冠居家

附昏而此三章實通乎冠昏喪祭者故別出之為

通禮一篇著之于首影堂章改稱祠堂而最多要

〔朝鮮〕金鍾厚（？～1780）：

《家禮集考》，一八零一年朝鮮木活字刻本。

　　全書共計七卷，裝成八冊，半葉框高二十二點六公分，寬十五點六公分，全本框高三十點八公分，寬二十公分。四周雙邊，有界欄，每半葉大字六行，每行二十一字，中字十二行，每行二十一字，注文小字雙行。版心白口，上二葉花紋魚尾，象鼻上端題「家禮集考」，版心中端題卷次，下方記葉次。表題「家禮集考」，首卷第一行題「家禮集考卷之一」，第二行題「通禮」。卷末有尾題。序：「崇禎三己亥維夏清風金鍾厚序」、跋：「崇禎紀元後三辛酉季春門人西河任焴跋」。

　　卷之一爲通禮，卷之二爲冠、婚禮，卷之三至卷之五爲喪禮。并附《家禮集考附錄》。喪禮部份收錄的條目與《家禮》同，大致爲：初終、復、立喪主主婦、護喪、司書司貨、易服、治棺、訃告、沐浴、襲、奠、爲位、飯含、靈座、魂帛、銘旌、不做佛事、小斂、大斂、成服、朝夕哭奠、聞喪奔喪、治葬、遂穿壙、作灰隔、刻誌石、造明器、下帳、作主、遷於廳事、陳器、祖奠、遣奠、發引、及墓、下棺、祠后土、題木主、成墳、乃窆、反哭、虞祭、卒哭、祔、小祥、大祥、禫、居喪雜儀、致賻奠狀、謝狀、慰人父母疏、父母亡答人慰疏、慰人祖父母亡啓狀、祖父母亡答人啓狀。

　　金鍾厚（？～1780），字柏高，號本庵，朝鮮十八世紀儒學家，著有《本庵集》與續集。是書乃本庵先生金鍾厚全本抄錄朱子《家禮》逐條箋釋而成，金氏著此書之目的在於他認爲李珥之《擊蒙要訣》、金長生之《喪禮備要》、朴世采之《南溪先生禮說》雖然爲東國之四禮研究之典範，「然亦微矣。且是書沿近乎司馬公《書儀》，有《書儀》以溯《儀禮》，而歷代因革綜其間，學者病難尋究，自宋明以及我朝，儒先所傳述闡發是書，志亦多而類皆詳略不中」，門人任焴在跋中提到，先師本庵先生治禮學，「惟朱子《家禮》一遵溫公《書儀》，本之《儀禮》，而參以今之可行者」。故金氏乃「謹傳書《家禮》文一通」，廣引古今經傳子史以至於稗說，逐條稽核勘比以成《集考》七卷。據全文觀之，每條目下，《集考》除補入《儀禮》、《禮記》、《開元禮》、《五禮儀》、《纂義》、《大明集禮》、《喪禮備要》、《書儀》考異對應條目之觀點外，還另補入作者自己的觀點，如梅山先生洪直弼在致金正宅一信中提到，《集考》就「三年之服」議條提出與厚齋先生金榦、陶菴先生李縡相反之觀點，「厚齋陶菴咸曰杖期實兼三年之體，又申心喪三年，以服緦爲得禮之正。蓋父在母喪者，雖壓屈不能自伸，而本服則三年也，降服亦具三年之體，是亦應服三年者也。《家禮集考》，斷以不當服，至云大義所繫，不可易則亦過矣，以具體三年之服而服緦，終恐無悖於不敢伸私之義也。」

61、南道振：《禮書劄記》

禮書劄記卷之一

家禮圖多誤

補註丘氏曰文公家禮五卷而不聞有圖今本載于卷首

不言作者註多不合於本書今數其大者通禮云立祠堂

而圖以為家廟一也深衣緇冠梁包武而屈其末圖安梁

於武上二也本文黑屨而圖下註用白三也喪禮陳襲衣

不用質殺而圖陳之四也本文大斂無布絞而圖有之五

也大斂無棺中結絞之文而圖下註結于棺中六也或問

圖固非朱子作 八何以祠堂章下有主式見喪禮及前圖

八字曰南離舊本止二 王式見喪禮治喪章並無見前圖

〔朝鮮〕南道振（生卒年不詳）：

《禮書劄記》，朝鮮未知年代木活字刊本。

　　全書共計二十六卷，裝成十冊。半葉框高二十五點四公分，寬十九點一公分，全本框高三十點一公分，寬二十二公分。半葉十行，每行二十二字，注文小字雙行。版心白口，內向花紋魚尾，版心中端題「禮書箚記」卷次，下方記葉次。首卷首行題「禮書箚記卷之一」，次行低兩格題「家禮圖多誤」，卷末有尾題，卷前有序「戊子菊秋光山金洛鉉序」、「崇禎後二己亥弄丸齋主人宜寧南道振自序」，序後爲凡例八則，《引用書目》凡百三十九種。

　　是書收錄的喪禮條目有：初終之論凡三十一條、治棺之論凡十六條、沐浴之論凡五條、襲之論凡三十二條、飯含之論凡十五條、銘旌之論十二條、小斂之論凡三十五條、大斂之論凡二十條、成殯之論凡九條、成服之論凡四十六條、父母喪服之論凡四十三條、子女喪服之論凡六十條、舅姑婦喪服之論凡十條、祖父母喪服之論凡二十八條、孫孫婦喪服之論凡六條、曾高祖父母及孫孫婦喪服之論凡九條、并有喪之論凡二十四條、君臣喪服之論凡二十九條、夫妻妾喪服之論凡十三條、叔侄兄弟喪服之論凡八條、姑姊妹喪服之論凡十條、娣姒喪服之論凡兩條、嫂叔喪服之論凡四條、外黨喪服之論凡二十八條、收養喪服之論凡十一條、大宗喪服之論凡兩條、師友喪服之論凡九條、殤喪之論凡二十一條、稅服之論凡十四條、除服之論凡五條、五服總論凡三十五條、朝夕哭之論凡五條、奠上食之論凡三十二條、弔賻之論凡二十九條、聞喪之論凡十九條、奔喪之論凡十四條、遷柩之論凡七條、朝祖之論凡十一條、祖奠之論凡八條、遣奠之論凡七條、發引之論凡二十條、窆葬之論凡七十四條、祠后土之論凡十條、改葬之論凡六十條、改主題主之論凡六十四條、返魂之論凡十七條、虞祭之論凡四十五條、卒哭之論凡十八條、祔祭之論凡三十七條、小祥之論凡四十七條、大祥之論凡四十七條、禫祭之論凡三十五條、吉祭之論凡十九條、居喪葬儀凡六十二條。祭禮部份收錄的條目爲：時祭之論凡百三十三條、初祖之論凡十八條、忌祭之論凡四十五條、墓祭之論凡三十八條。卷末附錄書院坐次、鄉飲酒禮、飲酒之具、鄉射禮之具及祝辭凡二十四條、奠賻慰狀凡五條。

　　南道振（生卒年不詳），字仲玉，號弄丸齋，朝鮮宜寧人，著有《周易箚記》、《考覽易》、《禮書箚記》、《經書箚記》、《喪祭式》等書。

62、尹羲培：《四禮撮要》

四禮撮要卷之首編

鶴西尹羲培　選

不肖孫　是永　校

人之切於己者莫先乎冠昏喪祭四禮此周公儀禮之大
經而比於生民日用自不無變疑之禮則亦莫要於處變
質疑之節文也蓋其士庶一編春秋時已失無傳賴有吾
夫子誦傳書雖復全世降教微禮之不講者又矣自漢以
來代有作者因革不經惟宋溫公書儀頗是得正朱子因
以作家禮略浮文務本實爲世準尺而於是乎貴賤辨焉
奢儉分焉使儀禮之旨燦然復朋其救世之功不下於周

〔朝鮮〕尹羲培（生卒年不詳）著，尹是永（生卒年不詳）校正：
《四禮撮要》，朝鮮一九二二年木活字刊本。

　　是書共計上下二卷，裝成乾、坤兩冊，每半葉框高二十三點二公分，寬十六點五公分，全本框高三十點四公分，寬十九點八公分。四周雙邊，有界欄，每半葉十行，每行二十二字，注文小字雙行。版心白口，上花魚尾，有界格，版心內書「四禮撮要」卷數，下方記葉次，卷末有尾題，下刻「石泉新刊」刊記，內文中有墨底白字。首卷首行題「四禮撮要卷之首編」，次行低十三格題「鶴西尹義培 選」，第三行低十三格題「不肖 孫是永 校」。是書現藏於韓國國立中央圖書館，書中鈐有：「朝鮮總督府圖書館藏書之印」。附作者自序「崇禎紀元後四庚戌仲春上浣鈴原尹義培序」、「維歲庚戌月日光山後人盧秉倫謹序」。兩序中有一刊記：「是書之刊，出自李雅培家，而昧於書例或其所不廢而廢之，亦多差錯，將待何日而續其戾乎？」序後有凡例七則，凡例後爲目錄，卷末有附錄及跋，附錄爲「土神祝」條，跋「歲辛酉暮春下浣不肖孫是永謹跋」。

　　書乃搜集明清時期朝鮮學者四禮之發揮，撮要而成。上卷前附有本宗五高祖父圖、三殤降服圖、外黨妻黨服圖、妻爲夫黨服圖、添補諸服圖、兩位設饌圖、朔參饌圖、進饌式、斬衰五服之義、五服之變、衰服之義等十一圖。有進饌式、斬衰五服之義、心喪三年、婦人心喪、五服之變論述〈五代祖服、遠祖服、遇山變者服〉、衰服之義論述〈屈冠、首腰絰、絞帶、苴杖、孝巾、中衣直領之制、婦人喪服之制、蓋頭之制、童子服、喪中出入時服、方笠、履、喪中祭服〉、祭饌物式論述〈造果一器、果、脯、醢、湯、炙、魚、肉、熟菜、沉菜、佐飯、清醬、餅〉、時食論述〈元朝、上元、三月、上巳、夏節、流頭、七夕、重陽、冬至、臘〉、薦獻饌品論述〈穀、秋麥、稻、黍、粟、菽、果、魚、菜〉、薦新饌品論述〈五穀、果果、魚魚、菜菜〉、有事告饌品〈果、酒、脯〉、忌祭饌品〈果子、熟菜、脯、醢、魚、肉、醋、清漿、沉菜、湯、炙、餅、飯、羹〉、墓祭論述〈果、熟菜、沉菜、清漿、脯、醢、魚、肉、餅、飯、羹〉、墓祭笏記。

　　下卷爲冠禮、喪禮、葬禮。喪禮部份收錄條目凡二十一條：初終、皋復、立喪主、易服之具、治棺之具、訃告、沐浴具、爲位之具、飯含之具、靈座之具、魂帛之具、銘旌之具、小斂之具、括髮免髽之具、絰帶之具、大斂之具、治喪預備論述〈五服相弔儀、朝夕奠、朝夕哭、上食、夏日三上食〉、成服之變論述論述〈偕喪成服先後、成服有故先後、服人近成服、親喪年久後近成服〉、奔喪論述〈爲位、奔喪所著、出嫁女奔喪、新婦未見舅姑而奔喪、

所後喪中遭本生親喪奔哭、聞親喪未奔、出使聞親喪、邊帥聞喪、在戰陣聞喪、道中聞喪、公祭聞喪、直中聞喪、獄中聞喪、場中聞喪、謫中聞喪、在官次聞喪、生死交傳處變〉、喪變雜儀論述〈并有喪、代服、喪中立後、親喪中出係改服、嫡母在爲所生母、失父處變〉、成殯具。

　　葬禮部份收錄條目凡六十一條：治葬、土地祝、穿壙、作灰隔、發引之具、朝祖、柩行論述〈柳車、功布、方相、明器、挽辭、翣扇〉、下棺〈玄纁、誌石、隧道〉、造主、題主論述〈書諱、贈職實職先後、不書致仕、書處士徵士別號、亡子題主、本生親題主、妾子所生母題主、奉外家祠題主、幼兒旁題、有男不以婦立主、承嫡題主、被水火盜賊亡失神主、追後立主、失父追題、被罪家題主、神主誤書〉、反哭、虞祭、埋魂帛、撤朝夕奠、卒哭、祔祭、弔狀式、致賻奠狀、答疏、答狀、居喪雜儀論述〈喪中弔人、喪中行祭、服中弔人、服中行祭、服中赴墓〉、殤喪雜儀、小祥、練祭祝辭、心喪雜儀、長子喪諸節、大祥、祔廟告辭、禫祭、吉祭、改題主告辭、出主告辭、追後改題告辭、支孫奉祀改題告辭、立後改題告辭、合祭埋主祝、將遷告辭、臨埋告辭、祧主改題告辭、奉祧主告辭、奉遞遷告辭、合祭祖以上祝、合祭新主祝、改葬論述〈新山土地祝、祠堂告辭、舊山土地祝、啓墓告辭、虞祭祝〉、修墓具、失墓追尋祝、尋墓慰安祝、無徵古墓慰安祝、祠堂儀〈影堂、昭穆、大宗小宗之別、罷黜歸宗、立後後生己子、班祔、權祔、別廟、從享人不遷當否、天疾人不入廟之非、避難時神主處置、祭器、遺書遺衣、晨謁、出入〉、參禮、節薦、俗節名義〈元日、上元、寒食、社日、上巳、八日、端午、流頭、三伏、七夕、中元、秋夕、九日、下元、冬至、臘日、除日、俗節增刪〉、授官告辭、焚黃改題祝、貶官告辭、出宰告辭、生子告辭、傳重告辭、修廟告辭、時祭〈卜日、尸童、祭三代四代說、行祭早晚、有故廢祭當否〉、忌祭〈齋戒、忌祭服、設位、茅莎、舉哀之節、進茶、旅中遇忌、忌日相值、閏月及晦日饗者忌〉。

四禮撮要卷之二

初終具　新衣　浣濯者新綿　上服

衾　因用襲斂　几者或

門　扇　屏　帷

病革遷居正寢內外安靜問病者有何言則書以新綿置

鼻口之上俟氣息男子不絕扵婦人之手婦人不絕扵男　手足銳冷音腹稍溫則不可輕先皁板

子之手加新衣既絕男女哭擗

南溪曰謂安穩之寢室也此說出扵正終之義當

以病者之命進退

南溪曰恐非父母之謂也喪大記註曰君

成均館大學藏朝鮮哲宗元年（1850）木活字刊本《四禮撮要》。

63、李爀：《四禮纂說》

四禮纂說卷之一

通禮　此篇所著皆所謂有家日用之常禮不可一日而不修者○按此通深衣居家雜儀三章之而言

祠堂　此章本合在祭禮篇今以報本反始之心尊祖敬宗之言實有家各分之守所以開業傳世之本也故特著此冠于篇端使覽者知所以先立乎其大者見後篇所以周旋升降出入向背之曲折亦有所據以致

賤亦有制度多用俗禮○按書儀廟影堂

馮然古之廟制不見於經此今上庶人之而不得為者故特以祠堂名之

王制天子七廟三昭三穆與太祖之廟而七諸侯五廟二昭二穆與太祖之廟而五大夫三廟一昭一穆與太祖之廟而三士一廟庶人祭於寢

與太祖之廟而三　士一廟庶人祭於寢　註士止及禰廟併

〔朝鮮〕李爀（生卒年不詳）：

《四禮纂說》，朝鮮李氏王高宗四年（1867）木活字刻本。

　　全書共八卷，裝成元、亨、利、貞四冊，有圖式，四周單邊，框高二十一點四釐米，寬十四點九釐米，有界格每半葉十行，每行二十字，注文小字雙行，每行二十一字，白口，上白魚尾，黃紙青絲五針綴線裝，楮紙。版心上題「四禮纂說」，版心中題卷次、名稱，下方記葉次首卷首行題「四禮纂說卷之一」。此行低一格題「通禮」小字夾注。封面有「四禮纂說」篆書題簽，附「聖上四年丁卯仲秋後孫興宣大院君罡應序」（藍筆手書）、「聖上四年丁卯八月大匡輔國崇祿大夫行判中樞府事楊州趙斗淳跋」、「聖上四年丁卯八月大匡輔國崇祿大夫議政府領議政兼領經筵弘文館春秋館觀象監事安東金炳學跋」，書中鈐有「天理圖書館藏」、「昭和二十一年十一月二日天理教教會本部寄贈」印。卷一爲通禮，卷二爲冠禮、昏禮、卷三至卷六爲喪禮、卷七至卷八爲祭禮。

　　喪禮部份收錄的條目有：初終、復、立喪主、主婦、護喪、易服、治棺、訃告、沐浴、襲、奠、爲位而哭、飯含、靈座、魂帛、不作佛事、親厚入哭、小斂、環経、憑尸哭擗、祖、括髮、免、婦人簪、遷尸、代哭、大斂、設靈牀、各歸喪次、成服、服制、男子服制、婦人服制、童子服制、斬衰三年、齊衰三年、齊衰杖期、齊衰不杖期、齊衰五月三月、大功九月、小功五月、緦麻三月、殤喪、殤服、稅服、降服、心喪、並有喪、朝夕哭、哭無時、朝夕奠、朔奠、薦新、朝夕上食、吊、奠、賻、聞喪、奔喪、入門詣柩哭、既葬先之墓、治葬、權葬、虛葬、合葬、前後妻合葬、開塋域祀后土、穿壙、作灰隔、下誌石、造明器、翣、作主、韜藉、遷柩、朝祖、遂遷廳事、陳器、方相、功布、挽詞、祖奠、遣奠、發引、主人以下哭從步、親賓郭外駐就奠、及墓、下棺、柩衣、贈玄纁、祠后土、題木主、題畢讀祝、成墳、石碑、石物、反哭、異居者歸家、虞祭、立尸、具饌、降神、進饌、讀祝、亞獻、侑食、告利成、辭神、埋魂帛、罷朝夕奠、柔日再虞、剛日三虞、卒哭、祔祭、祝辭、小祥、練服、止朝夕哭、始食菜果、大祥、陳禫服、告遷于祠堂、奉神主入祠堂、斷杖棄屏處、飲酒食肉復寢、禫、陳吉服、卜日、吉祭、祧主、改葬。

　　趙斗淳（字元七，號心菴，1796～1870）記載了是書概要及成書情況：「《四禮纂說》八卷，義原君文貞李公所裒輯也。公之後孫大院君閣下，始釐訂其傳寫偏旁譌繆，敘其緣起，謀公諸世。而元輔金公，又悉究河源海委所從來。」

64、尹健厚：《三庵疑禮輯略》

〔朝鮮〕尹健厚（生卒年不詳）纂輯：《三菴疑禮輯略》，
朝鮮總督府圖書館藏昭和三年木活字刊本。

　　全書共計三卷，裝成兩冊。四周雙邊，半葉框高十八點四釐米，寬十四點八釐米，有界格，每半葉九行十八字，版心白口，內向二葉花紋魚尾，版心題「三菴疑禮輯略」卷次。首卷首行題「三菴疑禮輯略卷之一」，目錄，凡例，首行最下端題「凡一百六十條」，第二行題「輯略上」，最下端題「尤菴先生宋文正公」。附有尹鳳九嗣孫尹喆普跋「疆圉單閼丁卯十一月上澣坡平尹喆普謹書」。「三菴」之由來，乃取合宋時烈、權尚夏、尹鳳九三儒之名號，分別為尤菴、遂菴、久菴，故而是書有三位作者，輯略上半部份為宋時烈（字英甫，號尤庵、華陽洞主，1607～1689）撰，該部份共收錄禮說一百六十條。輯略中半部份為權尚夏（字致道，號遂安、寒水齋，1641～1707）撰，該部份共收錄禮說凡九十九條。輯略下半部份為尹鳳九（字瑞膺，號屏溪，1681～1767）撰，該部份共收錄禮說二百三十七條。總計凡四百九十六條。宋時烈，乃李氏朝鮮之性理學者、政治家、思想家，李氏朝鮮中期碩儒，西人、老論黨黨首，世稱「宋子」，著有《尤菴集》、《宋子大全》；權尚夏，乃韓國朝鮮王朝後期之性理學者及政治家。孝、顯、肅宗三朝巨儒，宋時烈之門徒及其思想承繼者，著有《寒水齋集》；尹鳳九，朝鮮肅宗朝人，為權尚夏之門人，官至判書，著有《屏溪集》。是書現藏於韓國國立中央圖書館，書中鈐有「朝鮮總督府圖書館藏書之印」朱文方印。

　　是書乃「健厚之所以纂輯尤菴、遂菴、久菴三先生禮說而分作上、中、下三篇，合為一部者也。時則有若尤菴宋先生，親炙乎其門得其宗傳一傳而得，遂菴權先生再傳而得，吾先祖久菴先生而亦皆有疑禮之辨，釋其言，曲暢旁通而無所不備，足以為萬世之準。」

65、南紀濟：《備要補解》

依數十年前士大夫多用儀節今則專用備要盖兩書大体皆

但家禮乃初年書未及爭修故邱氏儀節沙溪備要亦不得已

南溪○曰文公以前當用儀禮以後當用家禮禮家之大體也

儀禮于亦搖首然則當以儀禮書儀叅用之于乃願之

生八問疾固請曰萬一不諱當用書儀于先生搖首然則當用

古今異宜難行處當以朱子易簀時遺命為準矣○言行錄諸

沙溪○或問卷禮當從家禮西或有未備處欲從儀禮則又有

初終

初終總論

喪禮上

備要補解卷之一

〔朝鮮〕南紀濟（生卒年不詳）：

《備要補解》，臺北國家圖書館藏朝鮮未知年代手鈔本。

— 155 —

全書共計八卷，裝成九冊。框高二十四點一公分，寬十六點九公分。版心白口，四周單邊，有界欄，每半葉十一行，每行字數不一，界格為烏絲線。首卷首行頂格題「備要補解卷之一」，次行低三格題「喪禮上」，第三行低兩格題「初終」，卷末最後一行有尾題，跋。每冊封面題書名及篇名，卷首有南氏自序「宜寧後學南紀濟謹書丁未秋」，凡例六則，「備要補解引用先儒姓氏」，目錄。是書現藏臺北圖家圖書館善本書室，書中鈐有「國立中央圖書館收藏」朱文長方印、「周志寶信」朱文方印。

是書收錄初終補解凡六條、立喪主補解凡七條、易服補解凡兩條、治棺補解凡一條、沐浴補解凡二十四條、襲奠補解凡三條、飯含補解凡三條、靈座補解凡兩條、魂帛補解凡一條、銘旌補解凡九條、小斂補解凡十七條、大斂補解凡十五條、成服補解凡三十二條、五服補解凡百五十一條〈包括父母服、祖父母服、子孫服、兄弟叔侄服、舅姑服、為妻服、母黨服、為夫黨服、妾服、殤服、國恤、師友服、兼親服、宗子服、降服、稅服、服制變除、服中諸節等條目〉，朝夕哭補解凡十一條，上食補解凡十六條、弔慰補解凡十三條、聞喪補解凡九條、奔喪補解凡七條、治喪補解凡三條、開塋域補解凡五條、穿壙補解凡四條、明器補解凡一條、啟殯補解凡兩條、朝祖補解凡五條、祖奠補解凡六條、遣奠補解凡三條、發引補解凡十條、及墓補解凡八條、題主補解凡三十六條、合窆補解凡六條、成墳補解凡四條、葬時諸節補解凡三條、返哭補解凡九條、虞祭補解凡二十五條、祔祭補解凡十八條、葬後諸節補解凡兩條、書疏式補解凡八條、小祥凡二十九條、大祥補解凡六條、祔廟之節補解凡七條、祥後諸節凡五條、禫補解凡十八條、禫後諸節補解凡三條、吉祭補解凡十四條、喪中祭祀之節凡七條、居喪雜儀補解凡九條、心喪雜儀補解凡三條、改葬補解凡三十七、廟制補解凡四條、參禮補解凡二十二條、有事告補解凡八條、宗法補解凡十八條、班祔補解凡十二條、不遷之位補解凡四條、時祭補解凡四十八條、忌祭補解凡五十二條、祭禮祝儀補解凡十條，卷末并附己亥禮說及韓南塘禮說兩條。

南紀濟（生卒年不詳），清朝鮮英祖（1724～1776）時期儒學家，宜寧人，字仁叟，號雲谷，又號雪山居士，為金元行（字伯春，號渼湖、雲樓，1702～1772）門人，著有《我我錄》、《龍門問答》、《大東稗林》。

66、金鼎柱：《喪禮便覽》

喪禮便覽卷之一

初終

疾病遷居正寢 正寢即正廳家長為然餘人各遷所居室中 東首於北牖

下徹褻衣加新衣 侍者四人皆坐持體屬纊 纊新綿加口上以為候 內

外皆掃安靜以俟氣絶既絶乃哭 以衾覆之南溪 男女哭擗復 日孝

子瞽徹哭而復或問鷄鳴前子時死者從何日右卷 初一日也間兩日間死

者南溪荅曰復而後行死事初終九郎不得不以此

為主姜夫死者之正日二祥忌祭所係甚大豈可随

〔朝鮮〕金鼎柱（生卒年不詳）：

《喪禮便覽》，朝鮮高宗二十八年（1891）手鈔本。

　　全書共計兩卷，裝成兩冊，全本框高三十七點七釐米，寬二十五點三釐米，每半葉框高十九釐米，寬二十九釐米，每葉約九行，每行字數不一，注文小字雙行。首卷首行題「喪禮便覽卷之一」，次行低一格題「治喪諸節」、第三行低二格題「初終」，無界格。是書參考朱子《家禮》、金長生《喪禮備要》，附序「崇禎辛卯季秋下澣月城金鼎柱受輔書」、「歲丁卯豐壤趙鎮寬序」，卷末有尾題：「癸巳正月下澣沙村書室」，作者認為，「沙溪先生之《喪禮備要》，即本之家禮書而作，參乎古今，辨析折衷，為百代不易之則」。不過作者對《備要》所論述的條目與觀點，也有自己的見解，「遂乃分條彙類成一冊子，俾便考覽，自初終以至葬祭，節目經解一用原文而書之，只於各條下，搜取諸家疑變問答，而添錄以為目下，考證之備，總以名之曰『喪禮便覽』」。

　　全書收錄的條目有：初終凡十條〈復立喪主易服、訃告、治棺、襲、喪中死者襲斂用吉、婦人襲、立銘旌、小斂、大斂、漆棺〉；成服凡三條〈重喪未除遭輕喪、期功除服變制月數、服中赴舉〉；本宗五服凡二十六條〈五代祖喪制服、父為長子三年、母為長子三年、承重孫祖在為母、為夫高曾祖、承重者妻從服及母與祖母本服當否、為本生舅姑、婦人出嫁前所持本親服及出嫁後夫黨追服與否、親喪中出繼改服、服期大功出後、出繼後所後諸親追服當否、為人後之子為其本生諸親、為本生姊妹姑、出繼者為本生外祖、私親為人後者、期功以下日月過後追服、緦小功稅服、妾孫為其父所生母不為三年、承重庶子之子為其父所生母、期服長服之節、喪中出入服色、長子三年喪服色、本生親喪出入服色、承重妾子為所生母服色、妾子嫡母在為所生母〉；並有喪凡七條〈並有喪襲斂先後成服先後、父喪中母亡服母三年、母喪中父亡仍服母期、父母偕喪持服、承重孫並有父母及祖父母喪持服、祖父喪中父死子代服、前喪練後遭後喪〉；殤服凡六條〈上食几筵之設、翣扇玄纁不用、銘旌題主、卒哭祔祭、三殤之祭、無服之殤〉；童子服制凡一條〈當室童子服制〉；降服凡十九條〈心喪三年、婦人心喪、出後人心喪、朝哭、上食、上食不用拘忌、值先忌上食用素、喪中死者其父母朝夕祭當廢、諸親死未殯前父母喪上食廢否、喪中死者葬前用素、諸親葬前前喪上食用素當否、夕奠、夕哭、朔日則朝奠設饌兼行上食、三年內生辰、有新物薦、吊者致奠、謝狀榜子、吊慰榜子〉；吊凡十三條〈吊時服色、哭拜之節、吊有哭不哭、主人與吊者有知不知、吊內喪、喪中吊哭、居憂中遭師喪、在外吊哭、服中吊人、服人不在喪次者受吊、出嫁女受吊、心喪中吊人、心喪人過祥後

受吊）；奔喪之具凡六條〈聞親喪未即行儀節、婦人未奔喪獨在家、既葬後奔喪、齊衰以下聞喪爲位而哭、齊衰以下奔喪至喪家成服、爲人後者奔喪所著〉；治葬凡二十條〈土地祝文、合葬時告先葬告辭、告同岡祖先墓告辭、安金井、刻誌石、翣制、作主、啓殯、朝祖、祠堂告辭、朝祖岡、喪中死者不行致奠、諸子女別奠不行、陳發引諸具、設祖奠祝辭、柩行儀節、並有喪父母喪發引先後、祠土地祝辭、合葬、前後室合祔〉；題主凡二十二條〈家長主子孫喪、子喪題主、子婦喪題主、幼兒奉祀、童子題主、庶孽題主、庶孽婦人並論、庶子承重、題主稱孝、妾子所生母題主、題主祝文、成墳、碑、反哭、過期不葬諸親服、渴慢葬、葬不拘閏月、臨葬遇喪、葬前廢先祭、葬後床卓仍用素、葬後朔望參禮先行祠堂後几筵、發引後路中窆舍經夜之節〉；虞祭之具凡九條〈祝文、埋魂帛、祭饌圖、父母偕葬虞祭、舅主子婦虞卒與否、再虞祝文、三虞祝文、卒哭祝文、未三月而葬前卒哭必待三月行之〉；答疏凡七條〈父母亡答人疏、父喪中繼母在不稱孤哀、庶子所生母之稱號、禫前書疏式、卒哭前答疏、喪中慰人疏、本生親喪慰答疏〉；祔祭凡八條〈祝文、告亡子祝文、宗子有故使人攝行祝文、宗子有故使人攝行亡者位祝文、行祔祭於祖考祠堂儀、在他所設紙榜行祭儀、奉最長旁高祖則行祔祭、父母偕喪有故練後退行祔祭〉；小祥凡二十三條〈冠制、練衣裳、去負版辟領、男子去首絰女子去腰絰、腰絰用葛、絞帶用布、屨、婦人練制、妻喪練祭去首絰負版辟領、祝文、臨祭遇喪、遭後喪葬前退行練祭、聞訃後時退行練祭、退行練祭本祥日告由單獻祝文、除服先後、練後晨昏展拜、過期不葬退行練祭、父在爲母、父在母喪祥後饋奠仍廢、出繼人本生親小祥除衰後服色、出嫁女本生親喪聞喪日除服當否、出嫁女先遭父喪後遭母喪而父小祥除服服色、舅姑主子婦之無夫與子者朝夕上食廢否〉；大祥凡十九條〈布綱巾、婦人服色、祝文、前一日告祠堂、新主前一日告祠堂、父在母喪祔廟、父先亡已入祠堂而母死入廟祝、妣位靈筵告辭、母先亡已入祠堂而父死入廟祝、考位靈筵告辭、撤倚廬、祥後參禮、並有喪前喪祥日變除之節、立後追服者大祥後徹几筵、父在母喪再期行祀之節、大祥後白笠帽子、大祥後居家喪人服色、大祥後喪人服色、大祥後喪人出入時鞍馬〉；禫祭凡十二條〈出主告辭、祝文、並有喪中前喪禫行廢、同月喪出同月禫、承重孫以母喪廢祖父禫則諸父設位先祭、爲人後者所後母喪當禫遭所生父母喪、長子聞訃後時追行大祥於踰月則其月仍行禫祭、妻妾中夫以父在禫祭行否、婦人服色、心喪中行重

喪禫吉、並有喪後喪大祥後禫祭前行前喪禫祭、葬後期後立後者追行大祥後行禫〉；吉祭二十九條〈祠堂改題主告辭、承重祖喪畢後改題考妣神主告辭、祠堂出主告辭、母先亡父喪畢妣位改題告辭、出主告辭、先一日祠堂改題之儀、五代祖以下神主廳事合祭時祝文、五代祖妣位、祖以上合祭祝文各異成、考位祝文、父先亡母喪畢合祭祝文、母先亡父喪畢合祭祝文、禫月值仲月仍行吉祭、父先亡母喪畢考位祝文、母先亡父喪畢妣位祝文、時行服色、孟月行吉祭、支子家父喪畢吉祭、父先亡母喪畢吉祭、承重孫父喪中未行祖喪吉祭諸父復寢之節、期功葬前退行吉祭、本生親喪中所後家練祥禫吉、父在母喪復吉、喪家奴婢脫服、親喪盡之神主埋於墓所、埋祧主之節、埋主時告辭、將遷時告辭、臨埋告祝〉。

喪禮便覽卷之一　附錄

初終

疾病遷居正寢正寢即正廳家長為之室中死於適室妻妾各遷於其居室中

之東首於北牖下加新襲衣侍者四人皆坐持體屬纊

內外皆掃安靜以俟氣絕既絕乃哭以綿置口鼻上以為候

以上眡曾經衣者

升中屋北面招以衣三呼曰某人復

單卷衣自屋上墜下于前侍者自下受用篋升自阼階以

衣尸

男女哭擗無數

別氏

與髀

坐持恐其屍庎支枕

立喪主

67、徐承益：《四禮要義》

四禮要義卷之二

祭禮

凡祭主於盡愛敬之而已貧則稱家之有無疾則量其誠筋力

而行之財力可及者則自當備儀務極精潔且戲官之及諸孰

事必先預之無使臨祭齬亂　祝執茆　香篆執盞　爐　忌日不笏

祭義曰祭不欲數〻則煩〻則不敬祭不欲疏〻則怠〻則忘

是故君子合諸天道春禘秋嘗雨露既濡霜露既降必有怵惕

悽愴之心　君子有終身之喪者謂忌日也

祭統曰禮有五經莫重於祭夫祭者非物自外至者也自中出

生於心者也心怵而奉之以禮是故惟賢者能盡祭之義　祭

黃義海

〔朝鮮〕徐承益（生卒年不詳）：
《四禮要義》殘本，朝鮮辛酉年手鈔本。

　　全書共計兩卷，裝成乾、坤兩冊。書高三十三釐米，寬二十一釐米，每半葉十行，每行二十四字，注文小字雙行。版心白口，上下二葉花魚尾，首卷首行題「四禮要義卷之一」，次行低一格題「冠禮」，卷末有尾題。前附徐承益序：「朝鮮開國五百二十年（1913）二癸丑九月二十四日晚松後學連山徐承益書」，序後爲「四禮要義目錄」，書中鈐有「黃義海」、「湖庵別章」朱文方印。是書卷之一爲冠禮、昏禮、喪禮，卷之二爲祭禮。

　　喪禮部份收錄的條目有：初終、既絕乃哭、復、執事者設幃及牀遷、立喪主、主婦、護喪、司書司貨、易服不食、治棺、告廟、訃告于親戚僚友、沐浴之具、飯含之具、襲具、陳襲衣、遷尸置堂中、乃設奠、主人以下爲位而哭、乃飯含、侍者卒襲、靈座之具、置靈座設魂帛、立銘旌之具、執友親厚之人至是入哭、小斂、厥明陳小斂衣衾、奠具、環経之具、設小斂牀、乃遷襲奠、主人主婦憑尸哭擗、大斂之具、設奠、乃大斂、設靈柩於牀東、主人以下各歸喪次、成服之具、成服、斬衰、齊衰三年、齊衰杖期、齊衰不杖期、齊衰五月、齊衰三月、大功九月、小功五月、緦麻三月、本宗五服制、三父八母服制、服制通論、朝哭、朝奠、食時上食、夕奠、夕哭、哭無時、朔日則於朝奠設饌、俗節、生辰、有新物則薦、聞喪、奔喪、附變服、三月而葬先期擇地之可葬者、擇日開塋域祠后土、附祔葬先塋、合葬用元妃、穿壙之具、遂穿壙、窆葬之具、作灰隔、附誌石、造明器、下帳、大舉、翣、作主、啓殯、發引前一日因朝奠以遷柩告、朝祖之具、奉柩朝于祖、遂遷于廳事、親賓致奠賻、發引之具、陳器、日晡時設祖奠、服自他所歸葬、遣奠、附厥明遷柩就舉、乃設奠、祝奉魂帛升車焚香、發引、柩行、主人以下男女哭步從、親賓設幄於郭外道旁駐柩而奠、途中遇哀則哭、及墓、未至執事者先設靈幄、親賓次、婦人幄、方相至、明器等至、靈車至、遂設奠而退、柩至、主人男女各就位哭、賓客拜辭而歸、乃窆、主人贈、加灰隔內外蓋、實以灰、乃實土而漸築之、祠后土於墓左、藏明器、下誌石、復實以土而堅築之、題主、祀奉神主升車、執事者徹靈座、遂行、成墳之具、成墳、反哭、主人以下靈車在途徐行哭、至家哭、祝奉神主入置于靈座、主人以下哭於廳事、遂詣靈座前哭、有吊者拜之如初、期九月之喪者飲酒食肉不與宴樂小功以下大功異居者可以歸、虞祭之具、虞祭、初虞、再虞、三虞、卒哭、小祥、大祥、禫、吉祭、改葬、四時祭、初祖、先祖、禰祭、忌祭、墓祭。

68、姜夏馨：《喪祭禮抄》

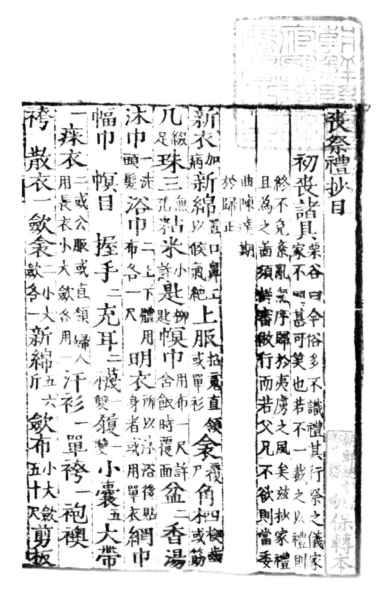

〔朝鮮〕姜夏馨：《喪祭禮抄》，
韓國國立中央圖書館藏未知年代刊本。

　　是書不分卷，一冊，四周單邊，半葉高十八點八釐米，寬十三點七釐米，全本高二十九釐米，寬十九點二釐米。有界格，每半葉十行，每行二十一字，注文小字雙行。全書共一卷，一冊，五十六葉。白口，上花紋魚尾，黃紙紅絲五針綴線裝，表題「喪禮」，版心題「喪禮鈔」，卷末題「喪祭禮鈔」。卷首為抄目，題「喪祭禮抄目」，次行低二格題「初終諸具」，下為雙行注文小字。姜氏認為，「禮當變矣」。故而「第錄其古今成書之易知易行者，凡於節次，彙為一編。文字諸具與祝式服制及慰問，雖曰皆有收當，間間闖入猶嫌其有妨直解，各以類抄。苟非大關事，則多不盡錄，非敢一辭。」是書現藏於韓國國立中央圖書館，書中鈐有「朝鮮總督府圖書館藏書之印」朱文方印、「朝鮮總督府警務局寶轉本」朱文長方印。

　　全書收錄的條目有：初喪諸具、新衣、新綿、上服、衾、角柶、几；本宗五服圖；外黨妻黨服之圖；為人後者為本宗降服圖；服制：〈斬衰、齊衰、大功、小功、緦麻服、殤服、降服〉；襲具；治棺具：〈松脂、黃蜜漆、黑繪、綠綾、七星板〉；訃告書書式；遷尸具：〈幃、床、席、枕、衾〉；沐浴具；襲具；飯含具；奠具；為位具；靈座具；魂帛具；銘旌具；小斂具；環絰具；奠具；括髮免髽具；絰帶具；大斂具；成殯具；靈床具；奠具；成服具；奔喪具；開塋域祠土地具；發引具；題主具；成墳平土、虞祭、再虞、三虞、卒哭、小祥、大祥、禫祭、合祭新主、告祔廟、吉祭改題主告辭埋主祝、合祭祖以上祝、合祭新主祝；改葬具：〈開塋域祠土地、告祠堂祠土地、啟墓、祠土地、虞祭、告祠堂、改莎墓告墓、改莎草祠土地、改莎草後慰安、具石物告墓具石物祠土地〉；弔狀式；時食饌品；薦獻饌品；薦新饌品；忌祭饌品；墓祭饌品；月朔參禮儀；薦獻儀；祭饌物式；進饌式；時祭儀；忌祭儀；墓祭儀；山神祭。卷尾為參攷儀。韓國所藏《喪祭禮抄》抄本甚多，筆者見另一版本之《喪祭禮鈔》，是書為手鈔本，每半葉十行，每行二十一字，框高二十一釐米，寬三十一點四釐米，有界格，無版心，是書收錄條式與上述版本同，書後附有祧遷儀節，一本《喪禮備要》之說，錄有改題之具、埋主之具、埋主告辭、將遷告辭、墓所告辭、臨埋時神主告辭、設酒果告改題等條。儀節後為「題祧遷儀節後」跋。

左衽領右衽腰三呼日某入復畢卷衣降覆尸上

衣食覆之侍者一人以死者將著之上服升屋北面

疾病遷居正寢內外安靜以俟氣絕既絕乃哭以

初終具

喪祭禮抄

至甲辰凡一百六十六年自東

寅絕正統著只一百三十五年

韓國學中央研究院藏《喪祭禮抄》抄本。

69、洪啓禧：《國朝喪禮補編》

國朝喪禮補編 卷之一

顧命

上不懌控庭署設幄帳補宸於（宣）則事之殿〇（昌德宮則宣政殿而慶德宮則從此）思書政殿視即內侍扶

相階與出御幄內憑几王世子侍側上召宰執

大臣及近侍面見厥顧命王世子大臣等同受

顧命記大臣等退作傳位遺教則無顧命

初終

疾病內侍扶相東首四人坐持體喪謂手足內之內外安靜（宗戚之臣）續儀則原書內侍則女官為以新綿

〔朝鮮〕洪啓禧（1703～1771）等撰：《國朝喪禮補編》，
清乾隆間朝鮮刊本配補鈔本朝鮮英祖二十八年（1752）敕撰。

全書共計五卷，附圖一卷，裝成六冊，框高二十四點二公分，寬十七點三公分，全本高三十三點四釐米，寬二十一點九釐米。每半葉十行，每行十八字，注文小字雙行，亦爲十八字，四周雙邊，版心白口，上花魚尾，上方記「喪禮補編」。首卷首行題「國朝喪禮補編卷之一」，次行低二格題「顧命」。現藏於臺北國立中央圖書館，書中有墨圍、鈐有「國立中央圖書館收藏」朱文長方印、「澤存書庫」朱文方印。書末葉記有「奉教編輯名錄」（洪啓禧、申晦、金致仁、具允明、趙明鼎、洪樂性、成天柱、鄭存謙）及「癸丑五月初二日京城大昌洞居李應洙字服汝信冊咸豐三年癸丑午月日義城金氏信捧冊字上文」小字。

喪禮部份收錄初終、復後奠〈角栖〉、〈燕幾〉、戒令、施行、沐浴〈平牀、桑笄、明衣裳〉、襲〈袞龍袍、翼善冠、頭巾、玉帶、甲精、襪、幎目、握手、冒、奠饌圖、小喪奠饌圖〉、襲奠、舉臨、設冰〈冰盤、棧〉、靈座〈神帛、神帛俗制、幄、平牀、靈座交椅、素扇、素蓋、跌〉、銘旌、告社廟、小斂〈絞衾、絳莎袍、中單、珮、小牀、斬衰首絰、齊衰首絰、斬衰腰絰、齊衰腰絰、斬衰絞帶、齊衰絞帶〉、治椑〈椑、七星板、凳〉、大斂〈絞衾、晃、衣、裳、中單、綬、棺衣、方心曲領、紅襪、大帶、圭〉、成殯〈靈寢平牀〉、成服〈衰衣、裳、斬衰冠、齊衰冠、苴杖、削杖、菅屨、疏屨、大袖、長裙、蓋頭、頭巾、朝夕奠饌圖、朔望奠饌圖、小喪奠饌圖〉、服制、治葬〈陵上閣、轆轤、石望柱、磁誌、石牀、石羃、長明燈、武石人、石虎、石羊、文石人、碑、丁字閣〉、梓宮書上字、梓宮加漆、上諡冊寶、啓殯、朝祖、遣奠、發引班次、發引〈虞主、內匱外匱、臺、椅几、土籬方箱、神主、韜、藉、韜俗制、櫝座蓋、哀冊、圭、珮、綬、籩、豆、爵、彤弓、罌、筲、香爐、香合、銅鐘、磁盤、瑟、簫、祝止、甲、冑、彤矢、輪舉、大舉、香亭子、腰舉、小方牀、彩舉、羽葆、竹散馬、竹鞍馬、唐琴、笙、匙楪〉、發引奉辭、遷奠、立主奠、舉行、反虞〈唐家、座榻、神座交椅、鳳扇、紅蓋、青磁尊、阿架牀、虞祭饌圖、小喪祭饌圖、爵、壺尊、山罍、洗罍、洗、象尊、篚、犧尊〉、虞祭、卒哭祭、魂奠俗節及朔望祭、練祭、禫祭、祔廟、祭需獻官及望燎。

《國朝喪禮補編》爲洪啓禧等八位朝鮮儒臣奉英祖教諭編輯。英祖時期，《國朝五禮儀》中的禮文與現實有別，遂編訂《國朝續五禮儀》、《國朝續五禮儀補》，英祖患喪禮倉促，儀節失序，故又命敕令編修《國朝喪禮》。

70、申泰鍾：《四禮常變纂要》

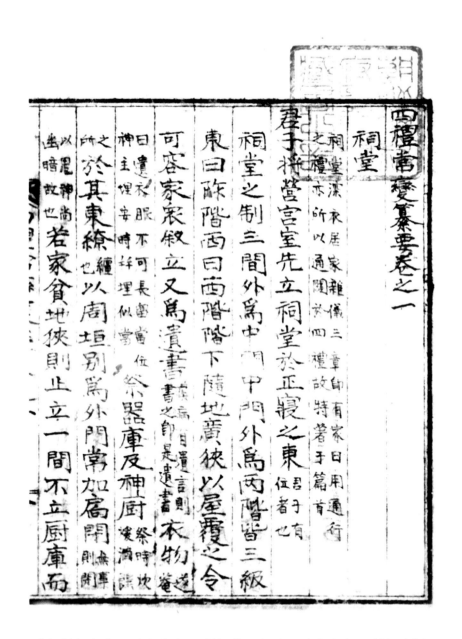

〔朝鮮〕申泰鍾（生卒年不詳）著、金致珏（生卒年不詳）編撰：
《四禮常變纂要》，朝鮮國立中央圖書館藏文泉社石刊本。

　　全書共計四卷，裝成兩冊。半葉框高三十點二釐米，寬二十一釐米，每半葉十行，每行二十字，注文小字雙行，亦爲二十字。版心白口，上黑魚尾，版心中端題「四禮常變纂要」卷次，下方記葉次，表題「四禮常變纂要卷之上」。首卷首行題「四禮常變纂要卷之一」，次行低一格題「祠堂」，卷末有尾題。文前附「《四禮常變纂要》引用禮書目錄」，引用中土禮學著作凡二十八種，引用朝鮮禮學著作凡四十八種。金氏序：「上之二十六年戊子（1888）十月既望善山後人金致珏序」，跋「時昭陽作噩（1933）嘉平上浣延安李祚永謹識」。是書現藏於韓國國立中央圖書館，書中鈐有「朝鮮總督府圖書館藏書之印」朱文方印。

　　是書卷之一爲通禮、冠禮、昏禮；卷之二至卷之四爲喪禮，喪禮部份收錄：初終、復、立喪主、主婦、護喪、司書司貨、易服不食、治棺、訃告、沐浴、襲、奠、爲位、飯含、陳襲衣、設奠、魂帛、銘旌、不作佛事、小斂、祖、括髮、免、髽、遷尸於堂中、大斂、設靈牀於柩東、成服、朝夕哭奠、薦新、聞喪、奔喪、治葬、穿壙、作灰隔、刻誌石、造明器、下帳、作主、遷柩、朝祖、奠、賻、陳器、祖奠、遣奠、發引、乃窆、祠后土、藏明器、下誌石、題主、反哭、虞祭、罷朝夕奠、卒哭、祔、小祥、大祥、禫、吉祭、改葬、慰人父母亡疏、父母亡答人慰疏、慰人祖父母亡啓狀、祖父母亡答人啓狀、四時祭、初祖、先祖、墓祭。

　　全書收錄的喪祭圖式有：祠堂全圖、祠堂一間之圖、祠堂龕室之圖、正寢廳事之圖、正至朔望俗節出主櫝前家中敘立之圖、深衣前圖、深衣後圖、著深衣前兩襟相掩圖、大帶圖、冠梁作帆圖、幅巾斜縫綴帶圖、緇布冠圖、幅巾裹頭垂帶圖、純約、野服前圖、野服後圖、野服裳圖、大帶圖、初終及復男女哭擗之圖、幎目圖、握手圖、玄冒黼殺圖、緇冒圖、掩圖、銘旌圖、棺全圖、七星板圖、柩衣圖、凳圖、束帛圖、遷尸沐浴襲奠爲位飯含卒襲設靈座親厚入哭圖、小斂之圖、大斂之圖、立銘旌設靈牀奠倚廬圖、本宗五服之圖、三父八母服之圖、三殤降服之圖、外黨妻黨服之圖、妻爲夫黨服之圖、出嫁女爲本宗降服之圖、爲人後者爲本宗降服圖、妾服圖、吊者靈座哭奠退弔主人圖、聞喪未得行爲位哭、周尺、掘兆告后土神之圖、灰隔、誌石圖、大舉圖、翣圖、神主圖、封柩朝祖遷於廳事祖遣奠圖、發引之圖、及墓下棺祠后土題木主之圖、成墳圖、碑圖、虞卒哭陳器設饌行事圖、祔祭於祠堂之圖、時祭卜日於祠堂之圖、正寢時祭之圖、祭初祖之圖、祭先祖之圖。

71、佚名：《禮疑問答》

禮疑問答卷之一

總論　四條

禮之壞今日而甚矣有識之憂誠如耶喻然此在人各自
勉究不患無定法如通攷增解等書可彙豆而折其柔也
副人不爛於禮且今神精頹敝末由究索攷天理精微之
節何敢徑立成說以自欺而誤人耶如冠昏鄉飲相見等
笏記頃年皆因有事而臨時裁綴用便目前而已亦非敢
擴為定本要人一循也以今看似有商量又不敢居然修
改盖不能自信故也　　答金而晦
西南異禮豈惟嶺俗即通國皆然皆緣我輩曾未得立成

〔朝鮮〕佚名：《禮疑問答》，
韓國學中央研究院藏昭和十三年（1938）手鈔本。

　　全書共計十卷，裝成五冊，第二至五冊缺。框高二十七點七釐米，寬十九點六釐米，無界欄，每半葉十行，每行二十二字，注文小字雙行。封面題「禮疑答問類編」，首卷首行題「禮疑問答卷之一」，次行第一格題「總論四條」。文前有凡例五則，書中鈐有「安春根藏書」朱文圓印、「韓國精神文化研究員藏書」朱文長方印。是書或據端宋先生論禮大意爲總論，舉凡通禮、昏、冠、喪、祭一以《家禮》之說爲目，自飲禮以下若《家禮》有未見者則別錄之；有論說不同者，取最晚所定之論者；《家禮》文字有解析疑難者，亦時并著以作參考。是書卷之一爲總論，附祠堂、深衣制度、居家雜儀；卷之二爲冠禮、婚禮；卷之十爲鄉飲酒禮、士相見禮、學校禮、邦禮。

　　卷之三至卷之八爲喪、祭禮，收錄初終之論凡十九條、小斂之論凡二十一條、大斂之論凡九條、喪服制度之論凡六十二條、成服之論凡百十三條、哭奠之論凡三十四條、弔論凡二十條、奔喪之論凡十五條、葬論凡六十五條、題主之論凡二十七條、虞祭之論凡十九條、卒哭之論凡十五條、祔之論凡二十一條、小祥之論凡四十四條、大祥之論凡二十五條、禫之論凡十九條、袷之論凡三十一條、居喪雜儀凡三十七條，偕喪之論凡八十一條，改葬之論凡十四條、喪中行祭之論凡十六條，祭之論凡七十七條、忌祭之論凡四十條、墓祭之論凡三十七條、土神祭之論凡三條。

　　厚齋先生金榦又作《答問禮疑》，因是書未見單獨刊本，故以《韓國歷代文集叢書》之《厚齋集》爲本。是書收錄喪禮之論如下：初終一條、立喪主一條、易服一條、襲一條、靈座魂帛三條、小斂一條、括髮免髽二條、大斂二條、靈牀一條、各歸喪次、成服五條、斬衰六條、齊衰四條、并有喪四條、代服四條、杖期三條、不杖期三條、大功三條、緦麻兩條、童子服一條、殤服六條、心喪、兼親服一條、稅服三條、追喪一條、變除四條、國恤十六條、奠三條、上食五條、賻一條、奔喪三條、治喪四條、窆一條、啓殯一條、朝祖四條、遣奠十一條、改葬七條、反哭一條、虞祭九條、卒哭一條、祔祭五條、小祥二十條、大祥五條、禫七條、吉祭五條、喪中行祭七條、服中行祭十二條。

72、佚名：《初喪禮》

〔朝鮮〕佚名（生卒年不詳）：
《初喪禮》殘本，韓國學中央研究院藏朝鮮未知年代手鈔本。

　　全書共七冊，缺六冊，四周單邊，半葉框高二十點六公分，寬十七公分，每半葉十行每行十九字，版心白口，上下二葉花紋魚尾；全本框高三十點二公分，寬二十點四公分。書中有墨筆圈點。

　　是書收錄的條目有：初終、復、楔齒、綴足、立喪主、主婦、護喪、司書、司貨、相禮、乃易服、被髮徒跣、不食、治棺之具〈木工、漆匠、松板、袵、松脂、全漆〉、七星板、訃告書、遷尸之具〈平牀、油芚、薦、席、枕、衾、執事者設幃及牀遷尸〉、沐浴之具〈湯水、二盆、潘、櫛、小囊、明衣、衾、坎〉、襲具〈襲牀、薦、褥、席、枕、大帶、帖里、裹肚、單綺〉、勒帛、幎目、幅巾、充耳、握手、為位之具〈薦席〉、飯含之具〈珍珠、米、碗、匙、幎巾〉、沐浴掘坎陳沐浴飯含之具〈米、組、囊、櫛、沐浴巾、明衣〉、乃沐浴、陳襲衣、乃含、徙尸牀置堂中、設奠、主人以下為位而哭、乃飯含、卒襲〈綱巾、幎目、履、握手〉、靈座之具〈帷、衣架、衣服、椅子、桌子、香爐、香合〉、魂帛之具〈白絹、結帛、束帛、箱〉、銘旌之具〈竹竿、鳳頭、流蘇、紅絲、粉、鹿角膠、紅紬、跗杠〉、置靈座設魂帛、立銘旌、執友親厚之人至是入哭、小斂之具〈平牀、薦、席、褥、枕、衾、屏風、正布〉、小斂、設奠具、括髮免髽之具〈麻繩、布頭、免、竹簪〉、絰帶之具〈孝巾、環絰、腰絰、絞帶〉、小斂牀布絞衾衣、乃遷襲奠、遂小斂、主人主婦憑尸哭擗、還遷尸牀于堂中、乃奠、大斂之具〈秫米灰、燒米灰、厚白紙、白文席、正布、衾、小索、大索、油脂、油芚、苧布〉、成殯之具〈凳、帷、柩衣、屏、幕〉、大斂、靈牀之具〈帷幕、薦布、平牀、褥、枕、衣被、鞋、櫛合〉、設靈床於柩東、成服之具〈床布、帶、冠梁、深衣布、中衣布、竹、長裙、蓋頭布、生麻、箭、首絰、冠、中衣〉、成服、朝哭、朝奠、食時上食、夕奠、夕哭、有新物則薦、聞喪、治葬儀、告啓期、開塋域祠后土之具、擇日開塋域祠后土、穿壙之具〈莎土匠、加羅、鐹、鍤、鋤、鉅、金井機〉、遂穿壙、襄葬之具、作灰隔、刻誌石、造明器、作主、啓殯發引、發引之具、祠土地之具、成墳之具〈莎土、石碑、階、石床〉、反哭、至家哭、虞祭之具〈盥盆、帨巾、桌子、火爐、祝版、果、熟菜、脯、匙、糕、羹、飯炙、清醬、茅莎、祝文〉、初虞、再虞、三虞、祔、小祥之具、小祥、大祥之具、大祥、禫祭之具、禫、吉祭之具。文末附錄文書七條：歸胙書、慰人父母亡疏、父母亡答人慰疏、慰人祖父母亡啓狀、立春祭先祖祝文、冬至祭始祖祝文、季秋祭禰祝文。

73、權以時：《五禮輯略》

五禮輯略卷之一

通禮

祠堂之儀　本註此章合在祭禮篇今以報本反始之心尊
祖敬宗之意實有家名分之守所以開業傳世
之本也故特著此冠于篇首使覽者知所以先立乎大
者而凡後篇所以周旋升降出入向背之曲折亦有所
馬據　○

先立祠堂於正寢之東　禮君子將營宮室宗廟爲先　先祖重

本註祠堂之制三間外爲中門中門外爲兩階皆三級東曰

陳階西曰西階階下隨地廣狹以屋覆之令可容家衆叙立

又爲遺書衣物祭器庫及神廚於其東繚以周垣別爲外門

常加扃閉若家貧地狹則只立一間不立廚庫東西壁下置

立兩櫃西藏遺書衣物東藏祭器亦可正寢謂前堂也地狹

〔朝鮮〕權紹述編（生卒年不詳）、權大卨補、權相河校：
《五禮輯略》，韓國精神文化研究院藏津津堂未知年代刊本。

　　是書共計六卷，裝成三冊，半葉框高二十八公分，寬十九公分，四周雙邊，有界欄，半葉十三行，每行二十四字，注文小字雙行。版心白口，上黑魚尾，版心中端題「五禮輯略」卷次，下方記葉次。首卷首行題「五禮輯略卷之一」，次行第一格題「通禮」，第三行低二格題「祠堂之儀」，下雙行注文小字，卷末有尾題，表題朱文「五禮輯略」。文前有序：「龍集己巳黃花節族後孫權相翊謹序」，五禮輯略目錄，卷末有兩跋：「不孝孫大髙拜手謹識」、「歲上章敦牂（1930）後學宣城金東鎭謹識」。是書現藏於韓國精神文化研究院，書中鈐有「韓國精神文化研究院藏書印」、「韓國總督府圖書館藏書之印」朱文方印。

　　是書卷之一為通禮七條、冠禮兩條、昏禮四條，卷之五為祭禮四條，卷之六為鄉禮五條，卷之二至卷之四為喪禮，收錄條目凡五十七條：初終、襲、小斂、大斂、成服、服制、本宗服、妻為夫黨服 、出後為本宗服、本宗為出後、出嫁為本宗、本宗為出嫁、妾庶服、外親、并有喪、服制疑變、稅服、宗服、五服外服制、朝夕哭、奠、上食、弔奠賻、客喪、喪中死、聞喪、奔喪、治喪、遷柩、朝祖、祖奠、遣奠、發引、及墓、下棺、題主、成墳、石物、反哭、虞、卒哭、祔、小祥、大祥、禫、吉祭、改題儀、合葬、改葬、權葬、旅葬、招魂葬、墳墓火變、墳墓遇賊毀、修墓、居喪雜儀、書疏式。

　　每一條式下又有若干小條目，每一條皆引《三禮》、《家禮》之與己說箋注之，有增設一條，補他人之論述精詳者，如在「設幃」條下增「《備要》或用屏」說；如「祖主孫喪」條下增「尤菴曰凡喪父在父主，故子孫神主祖父為主」說；又如「并有喪」條下增「同春曰父母偕喪一堂，各設牀桌，同時行奠，用帷屏間隔」。全書結構合理，每條之下有分條，分條之下又有若干支，開闔得體，論證有據。

74、崔膺教：《喪祭取要》

〔朝鮮〕崔膺教（生卒年不詳）：
《喪祭取要》，韓國國立中央圖書館藏一九三三年木活字刊本。

　　全書共七十五葉。半葉框高二十三點一公分，寬十六點三公分。全本框高二十九點二公分，寬十九點二公分，四周單邊，每半葉十行，每行二十四字，注文小字雙行。有界欄，版心白口，上下黑魚尾，版心中上端題「喪禮取要」，中下端記葉次，文前有《喪祭取要目錄》，目錄天頭處有一墨筆批註：「此書不知出於何人之輯刊，而傳會俚俗不合禮意者甚多，覽者詳之。」卷前第一行頂格題「喪禮取要」，次行第二格題「成服服次」，第十三格題「成服服次」，第三行頂格題「斬衰三年」，第十一格題「齊衰三年」。

　　是書收錄條目有：斬衰服次、齊衰服次、初終具十二條、喪中死者、成殯成服、父祖偕喪承重辨、承重妻從夫服〈附偕喪〉、奔喪之具、喪中遭服、兄嫂服〈附喪中立後〉、出外死者、弔賓具通刺、弔狀啓狀〈附答狀〉、窆葬儀、題主儀〈附題主辨疑〉、返魂、虞祭設饌圖〈附祝〉、祔祭〈附祝〉、初喪遇忌日、喪中墓祭、喪中新墓祭、喪中祭先服色、小祥之具、父在母喪、父在母喪禫、大祥之具、祥祭有故退行、禫祭、寓中行祭、合祭新主、告祔廟祝、改題主祝、奉遷最長房、合祭埋主祝、合祭祖以上祝、合祭新主祝、改葬儀祝、改莎草祝、立石告墓、祭儀、忌祭設饌圖、紙榜、殤祭、臨祭有喪、時祭儀、墓祭儀、墳墓火災、主人生長子告廟、受官告辭、焚黃改題儀、攝祀、移安儀祝、家廟救災慰安文、國恤私服等條。

75、洪錫：《喪祭要錄》

〔朝鮮〕洪錫（生卒年不詳）著、洪思孝（生卒年不詳）刊編：
《喪祭要錄》，韓國國立中央圖書館藏一九三三石刻版。

　　洪錫（生卒年不詳，一說 1604～1680），字公敘、號遜齋、晚悟、貞敏，朝鮮南陽人，其父洪敬昭，其母清州韓氏。著有《喪祭要錄》、《禮記類會》、《仁祖實錄》、《日省錄》、《遜愚文集》、《藥坡漫錄》等書。

　　全書不分卷，一冊。半葉框高十二點九九英吋，寬二十二公分。四周雙邊，有界欄，半葉十二行，每行三十字，注文小字雙行。版心白口，上花魚尾，象鼻上端題各條目名，如「救病」、「治喪」等，版心中上端題：「喪祭要錄」，下方記葉次，卷首第一行頂格題：「喪祭要錄上」，次行低二格題「救病」。表題「喪祭要錄」、「日省錄」。

　　是書收錄的條目有：救病、治喪、成墳、懸車圖、襲帽前圖、襲帽後圖、夷牀圖、成服、己爲本宗服圖、婦人爲夫黨之圖、地師、葬具、下棺、虞卒、小祥、大祥、居喪雜儀、祝式、弔狀式、祭奠式、陳設圖、進饌次例、行祭儀、祭論、忌祭儀、墓祭、俗節茶禮、雜記等條。其中祝式部份收錄開塋域祠后土、發引前一日遷柩跪告、將載柩、遣奠、祠后土、題主、初虞、再虞、三虞、卒哭、祔、小祥、大祥、禫祭、遷主、時享等條祝文式。祭奠式部份收錄小斂奠、大斂奠、朝夕奠、上食、朔望奠、先告事由、后土祭、祖奠、遣奠、題主奠、初虞、再虞、三虞、卒哭、小祥、大祥、祔祭、禫祭等條文式。《喪祭要錄》書後爲作者之另著《日省錄》，文前爲作者洪錫自序，目次。收錄謙恭、謹言、養量、制慾、名、實、篤義、安分、知足、定心、檢身、交友、處官等條。

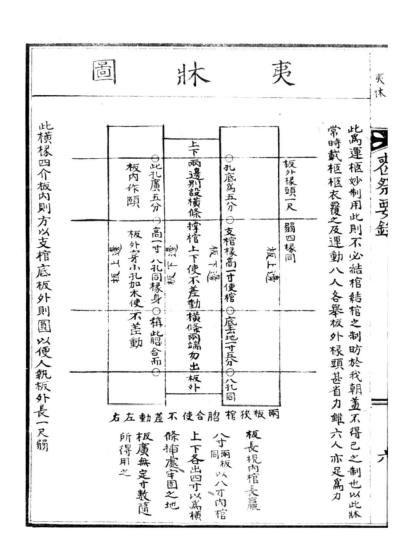

《喪祭要錄》圖説。

76、佚名：《喪祭祝式》

〔朝鮮〕佚名：《喪祭祝式》，
韓國國立中央圖書館藏未知木活字刊本。

　　全書共計一卷，共一冊，四周單邊，有界欄，每半葉框高二十點七公分，寬十六點五公分，全本框高二十八公分，寬二十點一公分。每半葉十行，每行二十字，注文小字雙行，版心白口，內向三葉花紋魚尾。

　　全書通篇爲喪祭禮各程式之祝文，收錄條目凡百二十二條：開塋域祠土地祝、合葬時告先葬祝、同域有故冢祝、合葬破墓時祠土地祝、雙墳時舊山告祝、祔祭先塋時告先塋祝、自先塋移葬他山時祝、啓殯時告辭、朝祖告辭、遷柩告辭、祖奠告辭、載舉告辭、遣奠告辭、窆後祠土地祝、題主祀辭、未題主成墳祝、改葬開塋域祠土地祝、遭父喪改葬每告新山土地祝、改葬時祠堂出主告辭、改葬時告祠堂祝、將啓墓祠舊山土地祝、動冢先破告辭、啓墓告辭、合窆時舊壙有災將行改葬告祠堂祝、載舉告辭、追奠告辭、旅館皐復返柩告辭、厥明因朝奠告由、至家告由、遭父喪改葬母兩舉相會路次告由外舉、告內舉、改窆後祠土地祝、一虞祝、改窆後祠堂出主告辭、改葬後告祠堂祝、初虞祝、再虞祝、三虞祝、卒哭祝、將行祔祭出主、祔祭告祖考祝、將行祔祭出新主於廳事告靈座、祔祭告亡者祝、祔祭設紙榜前一日告於本龕祝、支子家行祔祭宗家祠堂祝、宗子非喪主而告祖考祝、宗子非喪主而告亡者祝、宗子有故使人攝行而告本龕祝、宗子有故使人攝行告祖考祝、宗子有故使人攝行告亡者祝、小祥後擇日行祔祭靈位告由、小祥祝、遷行練祥本祥日單獻告由、國恤葬前退行練祥告辭、大祥祝、祔廟告由、新主前一日告由、神主入祠堂時告辭、只奉祖廟者入廟告辭、父先亡母喪祔廟告辭、妣位靈筵告辭、母先亡已入廟父死入廟、考位靈筵告辭、禰廟單奉之祠新主入廟告辭、禫祭卜日告辭祝、禫祭出主祝、禫祭祝、吉祭改題主告辭、承重祖喪改題考妣神主告辭、母先亡父父喪畢改題妣位告辭、承重父祖偕喪畢改題告辭、無後者喪中立後改題告由、祖喪中父亡代服告由、祖喪中父亡代服告父殯由、母喪中父亡告辭、代父行母喪練事告辭、言祭出主告辭、考妣位出主告辭、吉祭合祭五代祖祝、合祭高祖曾祖祖考妣、父先亡母喪畢合祭祖以上祝、合祭新主祝、母先亡父喪畢合祭祝、父先亡母喪畢禫月行吉祭考位祝、父先亡母喪畢禫月行吉祭妣位祝、受胙祝辭、祧主子最長房告辭、埋主時告辭、埋主告辭、埋主時墓前告辭、長房之子埋安條主時奉祝墓所告由、長房之子埋安祧主時掘坎告辭、長房之子埋安條主祝、時祭卜日告辭、時祭時出主告辭、時祭祝、歸胙所尊書、所尊復書、時祝辭、初祖祭降神祝、初祖祭祝、先祖祭祝、禰祭卜日告辭、禰祭出主告辭、禰祭祝、忌日出主告辭、忌祭祝、火災及廟改造神主告辭、改葬追造神主告辭、祠堂移安時告由、墓祭祝、墓祭祠土地祝。

77、佚名：《四禮節要》

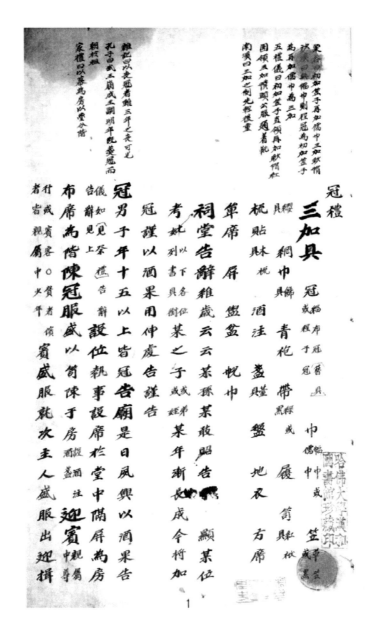

〔朝鮮〕佚名：《四禮節要》，
韓國國立中央圖書館藏高宗二十七年（1890）手鈔本。

　　全書不分卷，一冊，無邊框，無界欄，每半葉十二行，每行二十字，注文小字雙行，天頭處有墨筆小字批註，卷首頂格題「冠禮」，次行低一格題「三加具」，下有雙行注文小字。是書現藏於哈佛燕京學社，表題「Chinese-Japanese Library Harvard Yenching Institute at Harvard University JUN 22 1953」，書中鈐有「哈佛大學漢和圖書館珍藏印」朱文長方印，「漢和圖書館藏」朱文圓印。書分冠禮、婚禮、喪禮、祭禮、送神文五部份。

　　喪禮部份收錄的條目有：初終、病革內外安靜、受遺書、屬纊、既絕乃哭、收尸、復、立喪主、主婦、護喪、易服、設奠、訃告、沐浴、設水、襲、設奠、飯含、小斂、設魂帛、書銘旌、置靈座、設奠、治棺、大斂、入棺、成殯、成服、朝哭、朝奠、夕奠、夕哭、望奠、俗節薦時食、薦新、漆棺、結棺、慰疏、答疏、慰狀、答狀、造主、土地祝、題主祝、治葬、卜山地、擇日開塋域、分金、穿壙、筑灰石、作地室、啓殯、朝祖、遷柩廳事、設祖奠、遷柩就轝、設遣奠、遂行、設靈幄、柩至、乃窆、贈玄纁、加橫帶、題主、遂行、成墳、反哭、虞祭祝、初虞、陳設、出主、降神、進饌、三獻、侑食、闔門、啓門、辭神、徹朝夕奠、再虞、三虞、卒哭、陳設、出主降神進饌、三獻、祔祭祝、附、陳設、出主降神進饌、三獻、小祥、陳設出主、易服、止朝夕哭、心喪、祔廟告辭、大祥、告廟、陳設出主易服降生進饌三獻、侑食闔門啓門辭神徹、奉主入祠堂、徹靈座、禫、卜日、陳設、出主、易服降神進饌三獻、侑食闔門啓門、辭神、納主、徹、改題主告辭、出主告辭、合題埋主、合祭祖以上、合祭新主祝、吉祭、卜日、改題、告遷、陳設、出主、參神、降神、進饌、三獻侑食闔門啓門、受胙、辭神、納主、徹、聞喪、易服、遂行、至家、成服‧新山上地祝、祠堂告辭、舊山土地祝、啓墓告辭、虞祭祝。

　　收錄治喪準備之具凡三十六條：初終具、沐浴具、襲奠具、絰帶具、飯含具、奠具、魂帛具、銘旌具、靈座具、治棺具、漆具、大斂具、成服具、結裹具、成服具、造主具、祠土地具、分金具、穿壙具、筑灰具、發引具、靈幄具、窆葬具、題主具、虞祭具、卒哭具、心喪具、祔祭具、小祥具、大祥具、禫祭具、吉祭具、改題主具、奔喪具、改葬具、改棺具。

78、佚名：《喪祭禮彙考》

喪祭禮彙考卷上

喪禮節記〇初終節〇初終節

續新綿以俟氣者余以覆尸者上衣士以上公服

或深衣庶人亦深衣無則直頤婦人圓衫或長襖

子并用死者所嘗經衣者所以覆尸者浴則去之

不以襲斂此属栖用角為之長六寸屈之為軟中

夾入口兩末向上所模齒者無則用節几有足所

以綴足者

易服之具

深衣白緣無則直頤或道袍至成服不改婦人白

喪祭禮彙考

二

〔朝鮮〕佚名（生卒年不詳）：

《喪祭禮彙考》，韓國國立中央圖書館藏厚谷精舍手鈔本。

　　全書共計兩卷，裝成乾、坤兩冊，共六十五葉。每半葉框高二十二點三公分，寬十五公分，全本框高二十七公分，寬十七點八公分，四周單邊，有界欄，每半葉十行，每行二十字，注文小字雙行，版心白口，上下兩葉花紋魚尾，版心上端題「喪祭禮彙考」，下方記葉次，首卷首行題「喪祭禮彙考卷上」，次行題「喪禮笏記　初終節　初終具」，卷末有尾題，天頭處有墨筆批註。卷前為目錄。是書現藏於韓國國立中央圖書館，書中鈐有「崔炳夏印」朱文方印。

　　是書卷之上收錄初終節、居喪雜儀、治葬節〈開塋域祠土地之具〉、虞祭節〈虞祭之具〉、卒哭節〈卒哭之具〉、祔祭節〈祔祭之具〉等六節，下卷收錄小祥節〈小祥之具〉、大祥節〈大祥之具〉、禫祭節〈禫祭之具〉、吉祭節〈吉祭之具〉、改葬節〈改葬之具〉、祠堂之儀、時祭節〈時祭之具〉、忌祭節、墓祭節、家居土神祭〈祝文要訣、祀龜祝〉等十節。其中初終節又分襲節、靈座節、小斂節、大斂節、成服節等五節；居喪雜儀又分朝夕哭上食奠節、弔奠賻節、聞喪奔喪諸節等兩節；治喪節又分遷柩至祖奠諸節、遣奠節、發引節、及墓至成墳諸節、反哭節等五節；祠堂儀又有晨謁、出入告、正至朔望參、有事則告等四條。

　　上卷收錄的喪禮條目有：易服之具、治棺之具、訃告書、遷尸之具、疾病遷居正寢、既絕乃哭、復、護喪、易服不食、遷尸、沐浴之具、襲具、襲奠具、為位之具、飯含之具、陳襲衣沐浴飯含之具、為位哭、飯含、卒襲、靈座節、魂帛之具、銘旌之具、置靈座設魂帛、立銘旌、括髮免髽之具、奠具、小斂、憑尸、祖括髮免髽于別室、遷尸、奠、靈牀之具、斂之儀、設靈牀、各歸喪次、成服之具、有喪告廟、並有喪、喪中祭祀、服中祭祀、朝哭、朝奠、上食朝夕食時、夕哭、夕奠、薦新、俗節、慰人父母亡疏、慰人父母亡狀、祖父母亡答狀、弔用素服、聞喪、奔喪、開塋域祠土地之具、穿壙之具、先塋祝、祠土地祝、三月而葬、告先葬位、穿壙、作灰隔、刻誌石、造翣、作主、祖奠之具、發引之具、朝祖告辭、遷廳事告辭、祖奠告辭、啓殯遷柩、朝祖、遂遷于廳事、代哭、親賓致奠賻、陳器、遣奠告辭、遷柩就舉、祠土地之具、題主之具、成墳之具、及墓、祠土地、下誌石、題主、成墳、反哭、虞祭之具、陳器設饌之圖、初虞、再虞、三虞、埋魂帛、罷朝夕哭、卒哭、卒哭祝文、祔祭、祔祭之具、父母亡答人慰疏。

79、俞彥鏶：《五服名義》

五服名義卷之一

○本宗服

為父母

〔喪服斬衰三年章〕父

〔喪服傳〕為父何以斬衰也父至尊也〔疏〕天無二日家無二尊父是一家之尊尊中至極故為之斬也

〔喪服四制〕其恩厚者其服重故為父斬衰三年以恩制者也

〔三年問〕至親以期斷然則何以三年也曰加隆焉爾也〔疏〕至親以期斷是明一期可除之節故禮期而練男子除絰婦人除帶加隆焉爾者本實應期但子加恩隆重故三年

本宗

〔朝鮮〕俞彥鏶（生卒年不詳）：

《五服名義》，韓國國立中央圖書館藏一八七六年木活字刊本。

　　全書共計三卷，裝成三冊，每半葉框高二十五點三公分，寬十七公分，全本框高三十三公分，寬二十二點三公分，四周單邊，有界欄，每半葉十一行，每行二十三字，注文小字雙行，版心白口，上白魚尾，象鼻上端題各卷條目，如「本宗」、「三殤」等，版心中端題「五服名義」卷次，下方記葉次。表題「五服名義」，首卷首行頂格題「五服名義卷之一」，次行低一個題「本宗服」，第三行低兩格題「爲父母」，第四行頂格題「〔喪服斬衰三年章〕父」。卷後有跋「上之十三年（1876）丙子四月下浣族曾孫通政大夫成均館大司成初煥謹跋」。是書現藏於韓國國立中央圖書館，書中鈐有「朝鮮總督府圖書館藏書之印」朱文方印。

　　是書就五服制度深入、精詳的描述，記錄本宗服凡十九條、三殤服凡十條、外黨服凡九條、妻黨服凡一條、繼母服凡一條、君母服凡一條、出母服凡十二條、嫁母服凡七條、慈母服、養母服、庶母服、乳母服、繼父服、爲孽屬服皆一條、妻爲夫黨服凡十八條、爲人後者爲本宗服凡十三條、女適人者爲本宗服凡十五條、妾子爲君母生母慈母父他妾及妻服凡十四條、妾爲君黨及其私親服凡三條、兼親服、同爨服、師友服、改葬服皆一條、臣爲君服凡六條、臣從君服凡六條、天子諸侯正統旁期服凡二十九條、大夫之妻爲大夫親服凡一條、大夫之子爲旁親服凡一條、大夫之庶子爲母妻適昆弟服凡兩條。卷末附錄通論行服諸節凡八則、通論立服義例凡兩則、通論喪服制度凡十一則。

80、鄭基洛：《家禮彙通》

家禮彙通卷之一

家禮序

凡禮有本有文自其施於家者言之則名分之守愛敬之實其本也冠昏喪祭儀章度數者其文也其本者有家日用之常體固不可以一日而不修其文又皆所以紀綱人道之始終雖其行之有時施之有所然非講之素明習之素熟則其臨事之際亦無以合宜而應節是亦不可一日而不講且習焉者也三代之際禮經備矣然其存於今者宮廬器服之制出入起居之節皆已不宜於世世之君子雖或酌以古今

〔朝鮮〕鄭基洛（生卒年不詳）：
《家禮彙通》，韓國國立中央圖書館藏清末夙夜齋刊本。

　　全書共計八卷，裝成四冊。每半葉框高二十二點七公分，寬十八點二公分，全本框高三十二點八公分，寬二十三點一公分每半葉十行。四周單邊，有界欄，二十字，注文小字雙行，版心白口，上下向二葉花紋魚尾。版心中端題「家禮彙通」卷次，下方記葉次，首卷前有序「丁卯七月浣西原鄭煒序」、卷之一前有「朱子家禮序」，目錄，首卷首行題「家禮彙通卷之一」，次行低一格題「家禮序」，卷末有尾題，跋「歲黑狗復陽之月哉生明六代孫宗鎬謹書」。

　　是書卷之一爲通禮，收錄條目有祠堂〈奉安位式、共一桌、奉祀世代、不遷位、宗法、支子不祭立後，妾子承重、無後立主、承重妾子所生稱號、外家奉祀、外黨祭、妻親祭、兄弟神主同龕、薦新〉、深衣制度、居家雜儀。卷之二爲冠禮，卷之三爲昏禮，卷之四至卷之八爲喪、祭禮。喪禮部份收錄的條目有初終、沐浴、襲、奠、爲位、飯含、靈座、魂帛、銘旌、小斂、祖、括髮、免、髽、奠、代哭、大斂、成服〈父喪中承重祖父母喪、次孫代嫡孫承重、國恤時私服、代父服喪喪服改造、加服、追服、稅服、師服〉、哭奠、上食、弔、奠、賻、聞喪、奔喪、治葬、遷柩、朝祖、奠、賻、陳器、祖奠、遣奠、發引、及墓、下棺、祠后土、題木主〈夫神主舅姑神主、外家神主、兄弟神主、妾神主〉、成墳、反哭、虞祭、卒哭、祔、小祥、大祥、禫、吉祭、居喪雜儀、致賻奠狀、謝狀、慰人父母亡疏、父母亡答人慰疏、慰人祖父母亡啓狀、祖父母亡答人啓狀、四時祭、初祖、先祖、禰、忌日、墓祭。

81、佚名：《四禮釋疑》

〔朝鮮〕佚名（生卒年不詳）：

《四禮釋疑》，韓國國立中央圖書館藏十九世紀未知手鈔本。

　　未知書寫年，但據書中「重服日」條所錄，可推知該抄本應在清嘉慶九年（1804）之後即十九世紀後抄本。全書不分卷，一冊，共計八十三葉，半葉二十三點四公分，寬二十一點七公分。無邊框、界欄，每半葉十二行，每行字數不一。表題「四禮釋疑　單」，目錄在卷末，卷首首行低二格題「四禮釋疑」，次行第三格題「冠禮」。是書現藏於韓國國立中央圖書館，書中鈐有未知韓文朱文方印。

　　收錄冠、昏、喪、祭四大類，其中喪禮部份論述的條目有：襲衣、大小斂、入棺、成服、并有喪、父在母喪、代喪、庶子婿受服、爲人後、收養、嫡出嫁慈庶母、婦人受服、葬窆、祖奠遣奠、朝祖、朝夕朔望奠、朝夕上食、朝夕哭、弔喪、重喪遭輕喪、國恤中遭喪、師友服、童子服、殤喪、子孫服、妻喪、聞喪、奔喪、合葬、改葬、權葬、虛葬、題主、返哭、虞卒哭、祔祭、練祭、大祥、禫祀、臨喪禫遭期功服、吉祭、改題主、祧遷、奉先雜儀、祭物、素祭、墓祭、生日祭、忌祭、時祭、祭儀、外孫奉祀、不遷位、祭四代、服中雜儀、繼後、居喪雜儀、稅服、三年內忌祭、廟焚墓毀。

　　《釋疑》書後附錄《喪禮備要抄》，收錄條目凡六十一條：初終之具、易服之具、訃告書、殤喪服、奔喪之具、開塋域祀土地之具、祠土地之具、題主之祝、虞祭之具、卒哭之具、小祥之具、大祥之具、祔廟告辭、禫祭之具、吉祭之具、出主告辭、合祭埋主祝、合祭祖以上祝、合祭新主祝、改葬之具、開塋祠土地之祝、祠堂告辭、啓墓告辭、祠土地祝文、虞祭祝文、祠堂告辭、有事告辭、時祭之具、忌日祭之具、奉安節次、墓祭之具、祠土地之祝、陳設之圖、本宗五服之圖、外黨妻黨服之圖、妻爲夫黨服之圖、出嫁女爲本宗降服圖、妾服之圖、爲人後者爲本宗降服圖、致奠賻狀、謝狀、改沙卓祝、祠土地祝、畢封後慰安祝、告先塋、祔葬先塋之位祝、立石祝、埋誌石、祠土地祝、祠堂奉安祝、移安祝、男子服制用指尺、墓祭笏、釋奠大享祝文、上言下教、太學通文、八路改譜通文、南原通文、淳昌通文、勸善文、文公治家要法。

喪禮備要抄

初終之具

初終疾病遷居正寢內外安靜以俟氣絕乃哭復侍者一人以死者之

上服嘗經衣者左執領右執要自前榮外屋中霤北面以衣三

呼曰某人稱名或曰內裝當用左御棺人武稱官封號依常侍所

複里卷衣降覆尸上男女哭擗無數褪遂綴足主喪主婦

護喪以子弟知禮能幹者為之凡事皆稟之乃書司貨以

脊吏傑為之

易眼之具

乃易服不食妻子婦妾皆去冠上眼被髮男子扱上衽　徒跣膝

有眼者當去華飾為人後者為本生父母及女子已嫁者皆不被髮

徒跣　諸子三日不食親戚隣里為糜粥以食之尊長強之少食可也

韓國國立中央圖書館藏《喪禮備要抄》抄本。

82、申鉉㝵：《二禮祝式》

二禮祝式序文

冠婚喪祭人之大節也喪禮備要疑禮類輯等書皆
撰之於朱夫子家禮中纂述者而東土人士擴於是
而行之已屢百有餘稔矣挽近禮說曰以泯黙古人
編帙亦隨以散溴為家藏者無幾一日姨從申君鉉
㝵袖示一卷書盖取諸篇中要旨而編之也似太
簡然喪禮葬祭禮常祀諸節冠婚立后及諸般告辭
無不畢舉此不待受教而可使人人自鮮矣申君又
謂每見僻鄉之人至於吉凶之際無可考書籍蒼黃
不知攸措㝵不慨然故將以此刊行傳布遠近為隨

二禮祝式　序文　一

〔朝鮮〕申鉉㝵（生卒年不詳）：
《二禮祝式》，韓國國立中央圖書館藏朝鮮十九世紀木活字刊本。

—195—

全書不分卷，單冊，共計五十五葉，附圖。四周單邊，半葉框高十八點八公分，寬十六公分，全本框高二十九點四公分，寬十九點四公分。有界欄，每半葉十二行，每行二十二字，注文小字雙行。版心白口，上二葉花紋魚尾，象鼻上端題「二禮祝式」，版心中上端題各部份名稱，如「目錄」、「序文」，下方記葉次。表題「二禮祝式」，序「己丑陰閏四月 日 青松後人愚堂沈承弼序」，目錄，圖錄，跋「平昌李榮奎齋沐題跋皆施蒙赤奮若天中節也」，卷末有尾題。全書分爲喪禮、葬禮、喪祭禮、常祀四個部份，每一部份後皆有祝式。常祀後附冠婚及立後祝式、婚書及書疏式、祭文三篇。是書現藏於韓國國立中央圖書館，書中鈐有「朝鮮總督府圖書館藏書之印」朱文方印、「朝鮮總督府警備局寄贈本」朱文長方印。

收錄的條目有：

喪禮部份條目凡六條：喪服總圖、喪禮、告祠堂、發喪變禮、成服變禮、葬禮。葬禮部份凡二十三條：開塋域、合葬、告先塋、告先葬、變禮告辭、攝主告辭、朝祖、遷柩、祖奠、發引、遣奠、付變禮、平土祭、題主、虛葬、改葬、權窆完葬、客葬返櫬、改莎立石、墳墓被水火、墳墓被人掘移、失墓者、齊室開墓修。喪祭禮部份凡二十二條：虞祭、卒哭、祔祭、祔祭退行、十一月練祭、小祥、練祥退行、過期未葬、聞訃晚時、葬後立石追喪、大祥、祔廟、禫祭、吉祭、改題主、合祭祧主、合祭祖以上、禫月、并有喪吉祭、長房遷奉、遷奉改題、埋安。常祀條目凡二十條：時祭、忌祭、墓祭、生辰祭、生進科宦、赴任奉廟、追贈、生子告由、修廟、移安、追成神主、追成神主、家廟被水火、神主虫蝕、神主誤題、外孫奉祀、慰服狀、慰喪疏、祭文、輓詞。

喪服圖式凡九幅：本宗五服之圖、三父八母服之圖、外黨妻黨服之圖、妻爲夫黨服之圖、出嫁女爲本宗降服之圖、爲人後者爲本生降服之圖、三殤降服之圖、妾服之圖、兩位設饌圖。

祭文部份凡二十三篇：祭祖考妣文、祭考妣文、祭伯叔父文、祭伯叔母文、祭兄弟文、祭兄弟嫂文、祭妻文、祭夫文、祭外祖父母文、祭內舅文、祭姑夫文、祭姑母文、祭姊妹文、祭姊妹夫文、祭姨叔文、祭姨母文、祭姨從兄弟文、祭岳父文、祭岳母文、祭女婿文、祭先生文、祭弟子文、祭朋友文。

挽詞部份凡十四條：挽女、挽伯叔父、挽兄弟、挽侄、挽妻、晚妾、挽外祖、挽岳父、挽業師、挽弟子、挽朋友、挽仕宦、挽節婦、挽烈婦。

83、佚名：《禮家要覽》

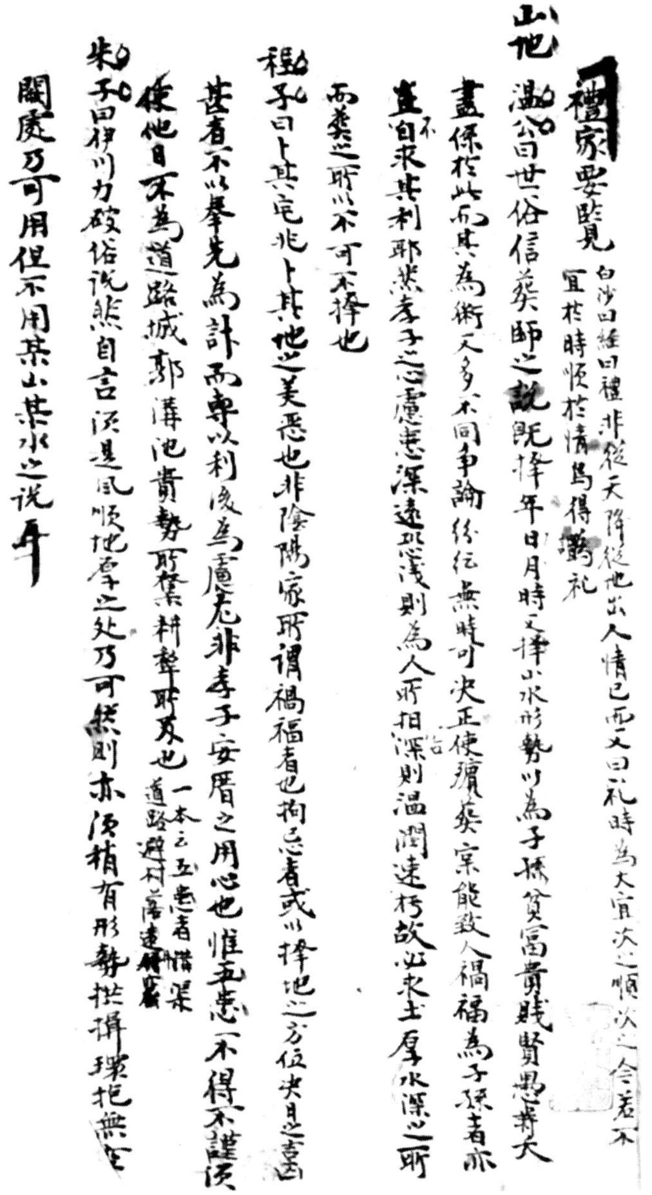
禮家要覽　白沙曰經曰禮非從天降從地出人情已而又曰禮時為大宜次之順次之合若不宜於時悖於情焉得謂禮

山地

溫公曰世俗信葬師之說既擇年月日時又擇山水形勢以為子孫貧富貴賤賢愚壽夭盡係於此而其為術又多不同爭論紛紜無時可決正使殯葬實能致人禍福為子孫者亦豈不自求其利耶然孝子之心慮患深遠恐淺則為人所扣深則溫潤速朽故必求土厚水深之所而葬之所以不可不擇也

程子曰卜其宅兆卜其地之美惡也非陰陽家所謂禍福者也拘忌者或以擇地之方位決日之吉凶甚者不以奉先為計而專以利後為慮尤非孝子安厝之用心也惟五患不得不謹須使他日不為道路城郭溝池貴勢所奪耕犁所及也一本云五患者溝渠道路避村落遠井窰

朱子曰伊川力破俗說然自言須是風順地厚之處乃可然則亦須稍有形勢拱揖環抱無空闕處乃可用但不用某山某水之說耳

〔朝鮮〕佚名（生卒年不詳）：

《禮家要覽》，臺北國家圖書館藏朝鮮未知年代舊鈔本。

　　不分卷，一冊。全本框高十六點七公分，寬十六點五公分，每半葉十行，每行字約三十五字，注文小字雙行，約四十字。卷首首行題「禮家要覽」，下端雙行夾注。封面題「星湖禮說」，天頭處附鈔藍筆批注。是書現藏於臺北國家圖書館善本書室，為稀見之域外珍本。書中鈐有「國立中央圖書館收藏」朱文長方印、「王氏二十八宿研齋祕笈之印」朱文長方印、「恭綽」朱文方印、「遐庵經眼」白文方印、「玉父」白文長方印。

　　是書引《禮記》及司馬文公、程、朱、沙溪、退溪、南溪、星湖、寒岡、栗谷等先生禮說箋釋喪禮儀節，書中所列條目有：山地、壽衣、棺材、屬纊、收尸、皋復、發喪、雜條、訃告、壽具、治棺、沐浴、襲具、飯含、設魂帛、立銘旌、斂衾、結裹、靈座、靈牀、成服、奔喪、奠、朔望、節日、漆棺、銘旌、造主、塋域、治壙、誌石、外棺、柩衣、玄纁、翣、葬具、啓殯、朝祖、祖奠、發引、遣奠、下棺、封墳、題主、返魂、初虞、再虞、三虞、卒哭、祔祭、小祥、大祥、禫祭、改題、生辰、喪中祭先、祠堂諸儀、齋戒、廟主諸儀、墓毀、墓祭諸說、后土、喪中墓祭、長子、出後、并有喪、偕喪、改葬、祧埋、國恤、私祭、祠堂三龕位階說、殤服、師服、有後母者父喪中只稱孤子、夫告妻祝、哭、祭所嗜、祖考妣祭無哭、祖先忌異居子孫、祭用喪出正日、閏月亡者、晦日亡者、喪家兄弟忌日、祖喪中父母忌、國恤不用獻肉、老後傳重、居喪、節哀、祭饌、陳設、時食、祭用、百品、山神、慰安、石物、癸酉喪、甲戌、己亥。

　　作者開篇即云禮以時為大，「禮非從天降，從地出，人情而已」，觀通篇條目注釋即可見一斑，如首條「山地」之擇，作者先引溫公之說：「葬比則地，然葬師之風水論不可全信，需以人情為安，必土厚水深之所。」次引程子之說：「卜宅兆之美惡、方位非陰陽家所謂禍福、吉凶。」次引朱子之說：「伊川力破俗說，然則亦須少有形勢，拱揖環抱無闕處，不用某山某水之說。」作者列三公之論於前，再列己評於後：「程先生雖有彼安此安之說，然其所擇不過曰土色之光潤，草木之茂盛」、「朱先生亦取其土厚水深，形勢環抱而不用某山某水之說。」再引炭翁、寒岡、山林經濟等說予以佐證己之觀點：「術士之說不足為徵」。全書條目之論整體如上所示。

84、李周遠：《安陵世典》

安陵世典卷之一

祠堂儀

廟制

族子彥煥問家禮祠堂章下小註有寢廟正廟之制

其制如何曰寢廟正廟是古之廟制朱子大全論本

朝廟制可考也若家禮祠堂之制乃宋時諸賢手分

中創造之制位置排設自與古廟不同又問為四龕

以近北一架為龕所謂架今之懸板否曰凡寢廟四

阿之制架今八雀家樣前後榃各二并上中榜三為

五架而以近北一架為四龕以安神位顧齋

〔朝鮮〕李周遠（生卒年不詳）：《安陵世典》，朝鮮木活字刊本。

　　全書共計七卷，裝成四冊，半葉框高二十五點一釐米，寬十五點三釐米，四周雙邊，有界欄，半葉十行，每行二十字，注文小字雙行，版心白口，內向花紋魚尾，版心中端題「安陵世典」卷次，下方記葉次，卷首附祖訓「雲嶽遺訓」、「石溪寄諸子書」，凡例五則，目錄，首卷首行題「安陵世典卷之一」，次行低一格題「祠堂儀」，第三行低兩格題「廟制」，卷末有尾題及跋「聞韶金樂行謹識」。

　　卷之一爲祠堂通禮、冠禮、婚禮，卷之二至卷之五爲喪禮，卷之六爲祭禮，卷之七爲邦家禮。喪禮部份收錄的條目爲：初終、復、被髮、易服、治棺、襲、勒帛裏肚、掩首、楔齒綴足、握手、飯含、奠、魂帛、重、銘旌、小斂、左衽、袒、括髮、免髽、布總、襲、絰、杖、齊斬括髮異制、設奠拜禮、結絞、大斂、遺衣服、襚衣、斂襲變節、成殯、成殯變節、成服、主喪、拜賓、告祠堂、成服變節、服制、爲父母三年、長子服、繼後子服、出後子服、侍養服、收養服、適婦服、出繼子婦爲本生舅姑服、適孫婦爲夫祖父母服、出嫁女無夫與子者爲父母服、出嫁女爲祖父母服、出嫁女爲本生祖父母服、出嫁姊妹出繼兄弟相爲服、族父族姑服、宗婦服、殤服、童子絰免、庶服、適孫爲庶祖母服、妾爲君父母服、妾爲君長子服、妾子適父母在時爲其母服、妾子爲其出母服、兩妾子相爲庶母服、兩妾子相爲服、妾子爲伯叔父妾服、庶孫爲其祖母服、外服、姑姊妹夫服、繼外姑服、庶子爲妻適母服、師服、朋友服、服制變節、父喪內遭母喪服、母喪內遭父喪服、祖父母喪內遭父喪爲祖父母服、祖在祖母喪內遭父喪爲祖母服、繼後子爲所後父母追服、祭奠、朝夕、上食、茅莎、朔望、俗節、祭奠變節、奔喪、四腳巾、出嫁女夫葬內奔父母喪、居喪服色、恒著、出繼子居本生父母喪、居喪變節、父喪葬後居母喪、父喪練後居母喪、父喪內居祖父母喪、出繼子所後父母、喪內居本生父母喪、出繼子本生父練後、遭生母喪前殯出入、申喪內遭功緦服、祀后土、祝號、降神、祔墓、告辭、治槨、灰隔、襚、明器、翣、方相、作主、柳車、腰舁、遷柩、朝祖、遣奠、祖遣二奠變節、行喪下棺變節、柩衣、贈幣、遺命治葬、題主、葉儒題主稱號、攝祀題主、出繼子爲本生父題主、眾子婦題主、入承祖統題主、妾母題主、題主奠時輯杖、虞、日中而虞、澡潔、設几、拜禮、匙箸、陳設、殯門啓闔、序位、卒哭、變葛、朝夕哭奠、虞卒變節、祔、祝號、設位、中一而祔、祔祭變節、主婦、小祥、祝號、練服、絕婦長裙、告利成、朝夕哭、朔望會哭、期功除服、大祥、奉主入廟時

班祔位仍前權安、禫服色、禫前朔望哭、禫、卜日、計閏、祝號稱孝、奠獻不哭、奉主入廟、祔主入廟、服色從吉、徙月而樂、祥禫變節、移殯、計日除服、過時不禫、父喪內除祖服、父在爲母練祥禫、練後服色、哭、父爲妻練祥禫、紙榜行事、出後子不爲本生父母練祥禫、并有喪禮、斬衰中齊衰練祥禫、齊衰中斬衰練祥禫、妻喪中親祥、親喪中妻祥、變服、妻祥親樣同日、出後子本生母喪中本生父大祥變服、生養父母練祥同日、本生父母祥時遭所後姊妹喪、吉祭、禫月行吉祫、服色、踰月行吉祫、前後妣拜檀、子孫喪未葬前行事、改題、改題變節、祧主改題、祧主別立廟、出後子祀本宗祧主、祔饗、支子攝祀、居喪雜儀、受弔、內喪受弔、祥後受弔、三年後來弔、喪內弔慰、喪內赴服親葬、妾子居嫡母喪稱哀、出繼子居本生父母喪不稱哀、慰狀往復式、子孫登科展殯、廬墓、國恤、君喪成服、君喪成服前遭私喪、因山卒哭前私喪練祥、因山前私祭設蔬、因山前私葬、虞卒哭、挽誄、改葬、服制、父在改葬母服、出後子爲本生父母改葬服、祔墓告由、設靈座、服緦告廟、三年內改葬饋奠、喪內改葬、父喪內改葬父母服、父喪內改葬母服、告廟、肉饌、母喪內改葬父服、上食設奠、新舊喪同殯、新舊喪下棺、銘旌、新舊喪虞祀、招魂葬。

　　朝鮮安陵李氏如李陶山、李鶴堂、李存齋、李葛菴、李恒齋、李顧齋等十餘代先賢之經學成就，「相與謹守而不失連世，家學之盛，蔚然爲東南宗主」，故是書以彙集《存齋集》、《葛菴集》、《恒齋集》、《密菴集》、《顧齋集》、《後溪集》、《魯溪集》、《潛窩散稿》之喪禮諸說，依《孔叢子》之編輯體例而成《安陵世典》。因李氏禮學始自雲嶽、石溪兩先生，故卷首處附錄「雲嶽遺訓」、「石溪寄諸子書」二條訓示。

85、金恒穆：《喪禮輯解》

喪禮輯解

喪禮

初終

疾革이어든選居正寢穩ㅣㅣ온安靜하야以竢氣絕하되男子는不絕於婦人之手하고婦人은不絕於男子之手하며旣絕애以新衣하고加新絮으로置口鼻之上하고內外

之頭面 並禮 하고男女哭擗하라

疾革이어든選居正寢穩ㅣㅣ온安靜하야以竢氣絕하되男子는不絕於婦人之手하고婦人은不絕於男子之手하며旣絕애以衾覆

之頭面 並禮 하고男女哭擗하라

（男女不相褻）魏氏會成에云君子ㅣ于其生也에欲內外之有別하고于其死也에欲始絕之不褻則男女之分이明하고夫婦之化ㅣ興하나니此所以男子ㅣ不死於婦人之手하며婦人이不死於男子之手也〇問不絕於婦人男子之手란以御者持體 士喪記며御者ㅣ坐持體 四人이니 而言이니男不用女御하며女不用男御而已라是爲正絕之義니若冊子不相狎하야而夫婦不相見則於情理며未

知如何오竹巷曰手字를以持體로看做ㅣ正得本旨

復（복）은冀其魂之復返이니招魄之謂也라號哭之聲이震動則魂難欲返이나不得也故로男女ㅣ一斷時止哭〇三呼者는禮成於三也오呼必北向者는女求諸陰也라

侍者一人이以死者之上服衣帶經으로升屋中霤 尾脊也 야左執領하고右執要하야北向三呼曰某

復이라하고卷 也欽 衣降하야覆尸上하고아男女哭擗

呼於天하며備呼於地하며中呼於兩間 日某人有官者난稱官하고無官者난從生時所稱

〔朝鮮〕金恒穆（1819～1886）：
《喪禮輯解》，韓國國立中央圖書館藏昭和八年刊本。

四周雙邊，無界欄，每半葉十七行，每行四十字，祝文小字雙行。首卷首行頂格題大字「喪禮輯解」，次行低一格小字題「喪禮」，第三行低兩格小字題「初終」，卷末有尾題。版心白口，順向兩葉黑魚尾，版心中端題「喪禮輯解」，象鼻下端記葉次。文前有兩序「歲舍壬申肇春之月海州後人瑟菴崔瑢憲序」、「昭和七年壬申之元月望日鎮川後人金恒穆灑淚和墨書於涪溪墳庵」，序後爲凡例七則，凡例後爲「《喪禮輯解》目錄」，目錄後爲「《喪禮輯解》所引古今儒賢氏號爵諡及所著書名」，引六十位學者所著書六十四種。

喪禮部份論述的條目有：初終一條、復一條、立喪主一條、護喪一條、易服不食一條、訃告於親戚僚友兩條、沐浴一條、初襲兩條、飯含一條、卒襲四條、小斂四條、大斂四條、成服兩條、朝夕哭一條、朝夕奠一條、食時上食兩條、朔望奠一條、薦新一條、吊禮四條、聞喪四條、治葬九條、啓殯三條、朝祖三條、遷于廳事一條、祖奠一條、遷柩就舉五條、遣奠兩條、發引一條、窆一條、下誌石兩條、祠后土於墓左一條、題主八條、反哭兩條、虞祭十條、卒哭三條、祔祭五條、小祥四條、大祥五條、禫十一條、吉祭十三條、遞遷六條、埋安四條、追後改題一條、追後立主兩條、追後合櫝一條、追後改棺一條、改葬十五條。

祭禮部份論述的條目有：祠堂一條、出入儀五條、生辰祭一條、墓祭六條、修墓儀十四條。

祭變禮部份論述的條目有：代服兩條、追喪八條、喪中立後四條、喪中出系一條、並有喪十九條、無後喪十二條、祭祀攝行一條、祭祀退行四條、服制類九種、殤服類五種、降服類兩種、服制論三十六條、服制圖三十四幅、慰狀類十種。

服制圖收錄圖有：三父八母服之圖、本宗五服之圖、三殤降服之圖、外黨妻黨服之圖、妻爲夫黨服之圖、出嫁女爲本宗降服之圖、爲人後者爲本生降服之圖、妾服之圖、成服日奠吊之圖、虞卒哭陳器設饌之圖、小斂衾絞圖、大斂衾絞圖、幎目圖、握手圖、魂帛圖、七星板圖、黻翣圖、雲翣圖、尺式圖、周尺、造禮器尺、營造尺、舊式布帛尺、發引之圖、喪服式、冠絰式、杖屨式、祭饌物式、兩位設饌圖、一位設饌圖、朔參圖、節祀饌圖、薦新饌圖、居喪雜儀。

書末附婚禮及雜禮儀，錄有婚禮式、待客式、生朝儀、夫婦相拜。

86、室直清：《文公家禮通考》

文公家禮通考

東都　室直清師禮著

祠堂。

直清按祠堂卽古之家廟也。但古之家廟後有寢前有廟而祠堂有堂無寢古之家廟分爲房室藏主於室。奉一世爲一廟而祠堂爲四龕室祭四主於一堂。此其異也蓋古之廟制不見於經其詳不可得而知。宋時嘗聽太子少傅以上皆立家廟而廟制卒不立。當時公卿莫之克擧唯文潞公法唐杜佑遺廟制立

〔日〕室直清（1658～1734）：《文公家禮通考》，日本弘治二年（1845）出雲寺文治郎（京都三条通升屋町）安中造士館藏板。

　　收入《甘雨亭叢書》第一集。室直清在是書中對文公《家禮》論著觀點頗有發明，例如考鏡祠堂源流：祠堂即古之家廟也，但古之家廟，後有寢前有廟，而祠堂有堂無寢。古之家廟，分爲房屋，藏主於室，奉一世爲一廟。而祠堂爲四龕室，祭四主於一堂，此其異也。蓋古之廟制，不見於經，其詳不可得而知。宋時嘗聽太子少傅以上，皆立家廟，而廟制卒不立。當時公卿莫不克舉，唯文潞公唐杜佑遺廟制，一廟於河南。其他雖若韓魏，猶未之聞焉。而士庶人之賤，亦有不得立廟者，故司馬公立爲影堂，以奉祭祀。而古者廟無二主，又無用影者，今廟主用影，即非古禮，而當必別書屬稱以標識之。故又有祠板，并影爲二主，亦非禮也。故家禮特用伊川先生所制木主，去影不用，因改影堂曰祠堂云。

87、吉見幸和：《凶禮問答》

凶禮問答上

○問曰諒闇者何義哉又亮陰ㄥ云歟

答曰諒陰ハ天子居喪之名ト論語ノ朱註ニモ見ヘタリ准

異朝之禮而我朝ニ於モ亦如此稱之也書經ニ作亮陰禮記

ニ諒闇ニ作ル論語ニ諒陰ニ作ル尚書大傳ニ梁闇ニ作ル

字義各不同ノ由也朱註ニハ未詳其義トアレハ不分明了

ニヤ然氏文獻通考ニ能辨セリ諒ハ信也亮陰ハ默也居憂信

默三年不言ト注セリ然レハ高宗三年不言ト云義通ス慈

傷ノ餘リ信默ノ意ニテ諒闇ト云ニャ亮陰ト云モ亦同義

也字彙ニハ諒作亮非也トアレハ古來文字スクナキ故ニ

互ニ通用ノ例多ケレハ害ナカルヘシ諒闇ト云義ハ諒信

〔日〕吉見幸和：《凶禮問答》（1673～1761）殘本。

　　全書共計兩卷，裝成三冊。無界欄，每半葉十一行，每行二十四字，中日文并書，天頭處有墨筆批註。書後并附錄「天皇父母喪服長短考」、「天皇爲輕服著御賜紵考」、又附跋書四種「漢書」、「通鑑綱目」、「綱鑑」、「史記」、「文獻通考」現藏於日本早稻田大學圖書館。書中鈐有「早稻田大學圖書」朱文方印、「去水五味均平藏」朱文長印。

88、服南郭：《服等抄書》

〔日〕服南郭（1683～1759）：

《服等抄書》，天保四年（1833）元彰抄本。

　　書由服南郭作五服等差圖抄，元彰補錄。書中有用朱、藍兩筆批校。扉頁有杖、齊衰、大功、緦麻等條長段朱文批註。文末有墨、藍兩筆跋記：「天保四年癸巳秋田元彰」，卷底葉書「東都習靜圖書館」字樣。

89、源弘賢：《服制沿革考》

〔日〕源弘賢（1758～1841）：

《服制沿革考》，寬正十年（1469）手鈔本。

　　全書共一冊，框高二十九釐米，寬十九釐米。無邊框，無界格，每半葉八行，每行字數不一。扉葉題「服制沿革考」，天頭處有墨筆與朱筆兩次批註。文前附有源弘賢自序：「寬政十年十二月源弘賢識」、次則「參考附忌令目錄」。卷末有尾題「元文元年九月十五日」。「參考附忌令」收錄條式有父母、養父母、嫡母、繼父母、離別之母、夫、妻、嫡子、末子、養子、夫之父母、祖父母、曾祖父母、高祖父母、伯叔父姑、兄弟姊妹、異父兄弟姊妹、嫡孫、末孫、曾孫玄孫、從父兄弟姊妹、甥姪、七歲未滿之小兒無服忌，「穢之事」：產穢、血荒、流產、死穢、踏合、改葬。現藏於日本早稻田大學圖書館，書中鈐有「去水五味均平藏」朱文方印。

90、中川忠英:《清俗記聞》

〔日〕中川忠英（1753～1830）:《清俗記聞》,
台北國家圖書館藏,日本寬政十一年（1799）儦思館刊本。

　　全書共十三卷，裝成六冊，框高二十一點二公分，寬十六公分，每半葉
十一行，每行字數不一，無界格，卷中配插圖。版心中間記卷名，下方記葉
次。首卷首行題「清俗記聞卷之一」，次行中間題「年中行事」，卷末有尾題，
有牌記四行「寬正十一年己未八月新鐫東都書林本石町四丁目大橫町堀野屋
仁兵衛」。封面有長籤題書名，方籤題該冊卷第篇名，封面內頁葉有欄框三行
書名葉，葉上爲「寬正己未年新鐫」，葉左欄小字「京都書肆　翫月堂發兌」，
葉右欄小字「竊思館藏板」，中間題大字「清俗記聞」。全書共十三卷，裝成
六冊，卷之十一、十二爲喪祭禮部份，附有序「寬政十有一年秋八月述齋林
衡撰」、「寬政己未秋九月雪堂黑澤惟直撰、岡田顯忠書」、「寬政戊子七月朔
蕉園處士津國中井曾弘序於江都錦林客舍」，《清俗記聞》總目，附言，文末
附跋「寬正己未冬十一月中川忠英跋、赤峰脇田順書」，跋與內文間有刻記「每
部有圖章須認印信爲眞」，并刻大通事四人、小通事十二人、畫工九人姓名。
是書現藏於日本早稻田大學圖書館。書中鈐有「田順之章」、「字日和卿」、「竊
思館藏板」、「早稻田大學圖書」、「考信閣文庫」、「江都本石町四丁目大橫町
堀野屋仁兵衛製本之印」、「惟直之印」、「曾弘」等朱文方印。

　　全書附插圖。是書卷之十一爲喪禮，卷之十二爲祭禮。喪禮部份附圖〈斬
衰前圖〉、〈斬衰後圖〉、〈衾〉、〈棺材〉、〈提水桶〉、〈浴盆〉、〈銘旌〉、〈棺〉、
〈煖轎〉、〈木主〉、〈靈柩〉、〈帷〉、〈繆〉、〈七星板〉、〈棺材蓋〉、〈棺材架〉、
〈出葬日柩前排式〉、〈采亭〉、〈香亭〉、〈鼓樂〉、〈大金紙〉、〈冥衣紙〉、〈墳
墓〉、〈權厝〉、〈兆域〉、〈鸞駕〉、〈執事〉。

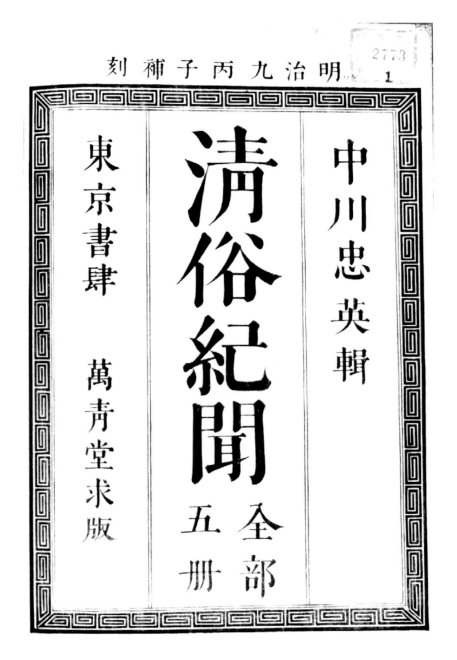

日本早稻田大學藏明治九丙子京東書肆萬青堂求版《清俗紀聞》。

91、谷口胤禄：《喪服考》

〔日〕谷口胤禄（1768～1826）：
《喪服考》手鈔本，五味均平舊藏手稿本。

　　一冊不分卷。半葉九行，每行十八字，書中鈐有「竹屋藏書」、「去水五味均平藏」、「早稻田大學圖書館」朱文方印。是書對纏衣、服衣、服衣色、從服、衰絰、從服色、橡服、皂衣、皂衣色、一回覆、重喪服、心喪服、尋常吉服等條目做出了注解。書末有一段行記：「此一冊貳部丞胤祿所抄出也，乞借有書寫訖，光棣。」

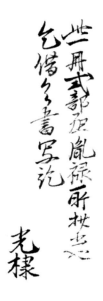

《喪服考》牌記：此一冊貳部丞胤祿所抄出也，
乞借有書寫訖，光棣。

92、首藤昌：《喪服論》

喪服論

喪服ノ制吾國上古ノ事、詳ナラス然トモ王代ノ昔三年二年一年ノ間空位たっ

有ノ當時三年ノ喪ヲ行ヒタリフコ有トモ（タリ、其ノ律令格式ノ制アレ氏今テ用ヒ

セハ放置テ論セス其ノ後戰國年久シケハ天下一統ノ制ナシ或ハ過或ハ未及元

禄六年今ノ服忌令出テ天下一同ニ之ヲ用ユ時　憲廟英才儒術ヲ好ミ

以ニ士大夫博士モ學ヲ研キ論定シタラ亦ナ氏ハ定テ深意有テ脱漏謬語ナ

カルニ然ニ昌未タ其ノ説ノ詳ヲ聞ス頃竊ニ服忌令ヲ讀ニ中土聖人服制ノ

意ト同シカラサルモノアリ聖人ノ意ハ愚ナルモノユ（恩義厚薄ノ差ヲ以

シセ其ノ服制ヲ立テ之ヲ知シメ孝順和睦ナラシメタメナリ、服ニ五ツアリ正服ハ本タリ

三ハ服ハ（正服ニ加フルナリ降服ハ義服ハ親族ニアラ子モ恩義ヲ以テコレヲ爲ニ服スルナリ加服ハ恩義

隆たニ（正服ニ加フルナリ降服ハ恩義穀ク所アツテ正服ニ降スナリ、報服ハ恩義

ヲ以テ彼ョリ我ニ爲ニ服スレハ我モ亦彼カ爲ニ服スルナリ、今ノ服忌令三年ノ

〔日〕首藤昌（生卒年不詳）：

《喪服論》，寬政五年（1793）上田節藏版。

每半葉十二行，每行字數不一，中日文間雜。扉頁左上端題「喪服論」，卷前附序，卷末附跋。并有牌記四行：「寬正元年己酉仲冬，居予義妹喪告暇，世事不管，因著此篇，以述所蘊，禮云：居喪讀喪禮，亦其宜歟，首藤昌誌。寬政五年癸丑初秋寫于翕坡嚶鳴館塾中，上田節藏版」。書中有圖「母黨五族七屬之正服」、「八母正服圖」、「本宗九族二十五屬之正服」。

《喪服論》牌記：寬政元年己酉仲冬，予居義妹喪告暇，世事不管，因著此篇，以述所蘊。禮云，居喪讀喪禮，亦其宜歟！首藤昌誌。

93、佚名：《家禮改圖》

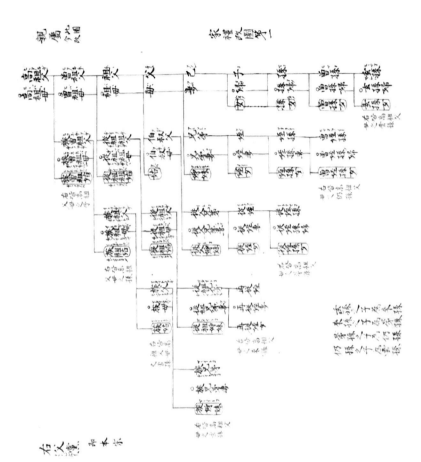

〔日〕佚名：《家禮改圖》殘本，日本早稻田大學藏未知手鈔本。

　　規格：框高二十九釐米，寬四十二釐米，平田家資料（平田職康舊藏），全書共十頁，分四部份，第一部份為親屬之圖即父黨圖，第二部份為大宗小宗圖，第三部份為祠堂之圖，第四部份為衣制之圖。書中有朱筆標誌，現藏於日本早稻田大學圖書館。

94、朱熹：《家禮》

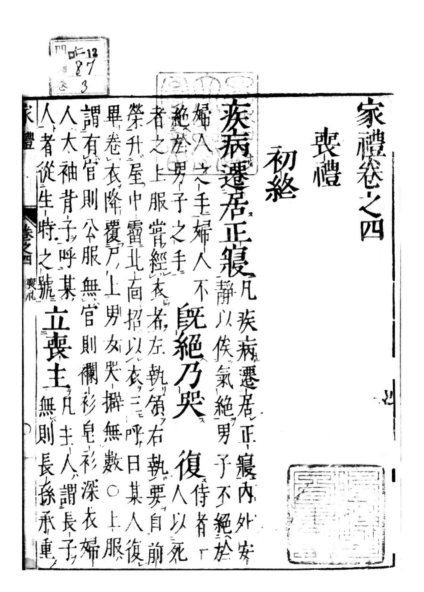

〔宋〕朱熹（1130～1200）：

《家禮》，日本元祿丁丑（1697）刊本。

現藏於早稻田大學圖書館，全書共五卷，裝成三冊，首冊爲圖例。框高二十四點四釐米，寬十四點三釐米。無界格，每半葉八行，每行十六字，注文小字雙行，每行亦爲十六字，四周單邊，版心白口，上黑魚尾，版心上題「家禮」二字，版心中端題卷次。

據長澤規矩也《和刻本漢籍分類目錄》補正，可知除元祿本外，日本尚有後印須原屋茂兵衛本、明治印本、延寶三年（1675）壽文堂刊本、寬正四年（1792）江戶須原屋茂兵衛本、後印大阪柳原積玉圃本、天寶二年（1831）佐土原學習館跋刊本、嘉永五年（1852）仙臺藩養賢堂本、安慶元年（1648）風月宗知刊本、安慶四年（1651）昆山館道可處士本、明歷二年（1656）柏屋八右衛門本、萬治二年（1659）大和田九左衛門印本、出雲寺和泉掾本等版本。據前間恭作《古鮮冊譜》（昭和 3-19 年）所錄，朝鮮有乾隆己卯官定鑄本、西序書目草本、奎章閣本、英祖己卯印本（1759）、道光咸豐間在山樓藏坊刻本、濟州牧冊板庫抄本、朴世采家禮外編本等刊本。

圖例部份收錄有二十八圖：家廟之圖、祠堂之圖、深衣前圖、深衣後圖、著深衣前兩襟相掩圖、裁衣前法裁衣後法、深衣冠履之圖、行冠禮圖、昏禮親迎之圖、衿鞶篋笥椸楎圖、小斂圖、襲含哭位之圖、大斂圖、喪服式圖、冠絰絞帶圖式、斬衰杖履圖、齊衰杖履圖、喪輿之圖、本宗五服之圖、三父八母服制之圖、妻爲夫黨服圖、外族母黨妻黨服圖、神主式、櫝式、尺式、大宗小宗圖、正寢時祭之圖、每位設饌之圖。

卷一爲通禮祠堂、深衣制度、司馬氏居家雜儀；卷二爲冠禮：冠、笄；卷三爲昏禮：議昏、納采、納幣、親迎、婦見舅姑、廟見、壻見婦之父母；卷四爲喪禮二十六條：初終、沐浴 襲 奠 爲位 飯含、靈座 魂帛 銘旌、小斂 袒 免髻 奠 代哭、大斂、成服、朝夕哭奠 上食、弔 奠 賻、聞喪 奔喪 治葬、遷柩 朝祖 奠 賻 陳器、遣奠、發引、及墓 下棺 祠后土 題木主 成墳、虞祭、卒哭、祔、小祥、大祥、禫、居喪雜儀、致賻奠狀、謝狀、慰人父母亡疏、父母亡答人慰疏、慰人祖父母亡啓狀、祖父母亡答人啓狀。卷四爲祭禮七條：四時祭、初祖、先祖、立春祭先祖、禰、忌日、墓祭。卷末附跋「元祿丁丑季冬日淺見安正謹識」。

韓國國立中央圖書館藏清光緒六年（1880）冬公善堂校刊本《家禮》，書中鈐有「徐氏傳是樓印」、「徐聖秋讀書記」白文長方印。

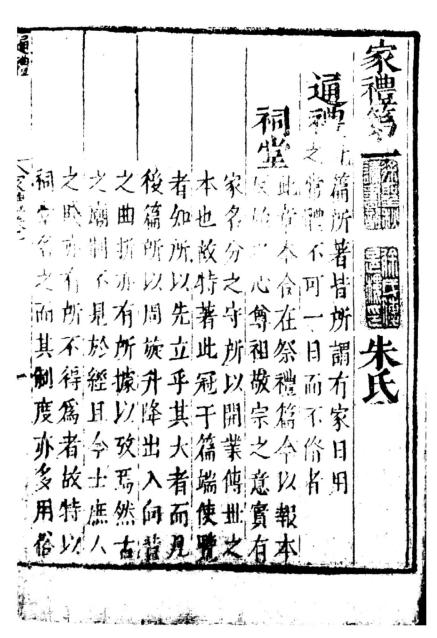

95、司馬光：《司馬氏書儀》

司馬氏書儀卷第八

○喪儀四

陳器

舁夫陳器於門外方相在前。喪葬令、四品以上用方相四
以車轝音飲有官則公服報衫無官則祠版於箱入壙人
目題頭兩目載次誌石次槨二物已在墓次明器次下帳
則以枢前令置枢前置其後返則祠版於箱入壙使人
次上服則襴衫皆有幞頭腰帶次茵候遺奠畢始苞之其脯
次筲次罋醢醯次酒並以小牀盛以上香次銘旌去跗入壙
亦以小轝相前今置枢前置現帛於牀其後返則祠版於前藏
靈輿在方相前置枢前置其後返則祠版於前藏魂帛於箱相
於枢上覆次靈轝載枢者也宜用輕甲為牀施堅木為蓋以
則可竽保無虞壯大記飾棺君龍帷三池數撮樓底三繩於襴
轝竿則宜強壯多置新繩棺東巨組數列於襴甲於枢
靈車在方相前今置枢前置其後返則祠版於前藏
者三列素錦楮及壙中不欲衆惡其親也喪蒙也在旁曰著注在飾上棺為
三列華道路及壙中不欲衆惡其親也喪蒙也是為著注帷飾在上棺

〔宋〕司馬光（1019～1086）：《司馬氏書儀》，
早稻田大學圖書館藏清雍正二年（1724）汪亮采仿精刻本。

　　全書共計十卷，裝成四冊。框高二十八點八釐米，寬十七點五釐米。左右雙邊，有界欄，每半葉十一行，每行十九字。注文小字雙行二十四字。版心下細黑口，上單黑魚尾，版心中端題「書儀」卷次，版心下端記葉次。象鼻上端記每葉刻工代號。表紙題「溫公書儀」，扉頁左端大隸書體題「文公書儀」，左下端記「芳春樓藏」。卷前有兩序「歲子菊月圓日序於傳桂」（并鈐有兩印）、「雍正元年冬十月朔日後學汪亮采謹序」。序後爲十卷目錄。目錄後爲兩跋「雍正元年季冬中浣後學汪郊謹跋」、「雍正甲辰上巳日後學汪祁謹跋」。每卷末皆有尾題「後學汪郊校訂」。此書有朱刷本，少見。

　　然，筆者又見早稻田大學圖書館藏清同治七年（1868）江蘇書局覆刻汪氏仿宋朱刷本。由於汪氏仿宋刻本刊刻精緻且宋本傳世甚少，後世常撤去扉頁，以汪本充當宋本，而以書局覆刻本充當汪本。書局紅印本框高十八點三公分，寬十三點三公分。每半葉十一行十九字，小字雙行二十四字，下細黑口，單紅魚尾，左右雙邊。扉頁右下端墨筆題「司馬氏書儀一冊江蘇書局初印本」，另葉篆書「書儀」二字，牌記：「同治七年夏四月，江蘇書局將覆刊司馬文正《資治通鑒》胡注興文署本，刊手雜募，不能別良拙，乃以文正《書儀》歸安汪氏仿宋本，各試刊一葉，第其去留未匝月而完工」。附有傳桂、汪亮采序，汪郊、汪祁跋，汪郊書，附註每卷末有「後學汪郊校定」。左右欄框下方記有刻工名。書中鈐有「東京專門學校」朱文方印，「支那錢恂所有」、「錢恂舊藏」朱文長方印。

　　《書儀》喪祭禮部份論述條目有：初終、復、易服、訃告、沐浴、飯含、襲、銘旌、魂帛、弔酹、賻襚、小斂、棺槨、大斂殯、聞喪、奔喪、飲食、喪次、五服制度、五服年月略、成服、朝夕奠、卜宅兆葬日、穿壙、碑誌、明器、下帳、苞筲、祠版、啓殯、朝祖、親賓奠、賻贈、陳器、祖奠、遣奠、在途、及墓、下棺、祭后土、題虞主、反哭、虞祭、卒哭、祔、小祥、大祥、禫祭、居喪雜儀、祭、影堂雜儀。

　　《朱子語錄》載朱熹與人言：「二程與橫渠多是古禮，溫公則大概本《儀禮》而參以今之所可行者：要之溫公較穩，其中去古不甚遠，是七分好。」而《四庫全書總目》則稱之爲「孔家之典型」云云。此書爲宋儒研究禮學的代表作之一，與朱熹《儀禮經傳通解》及陳祥道《禮書》等共同代表了宋代喪禮學之最高研究水準。

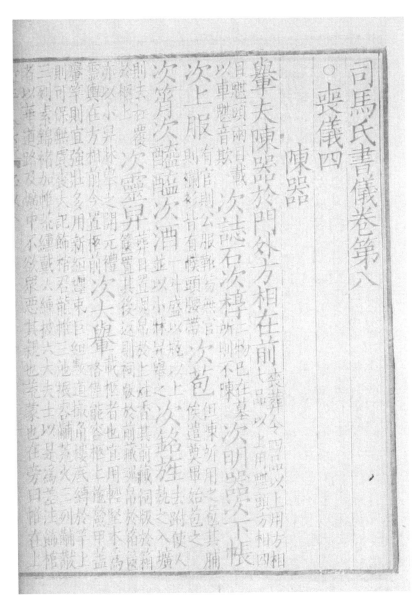

早稻田大學圖書館藏清同治七年（1868）江蘇書局覆刻汪氏仿宋朱刷本。

96、馮善：《家禮集說》

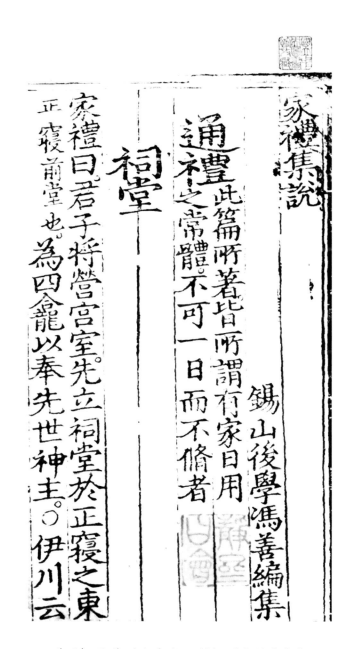

〔明〕馮善（生卒年不詳）：《家禮集說》，
明萬曆十七年（1589）吳興錢士完校刊本。

　　半葉框高二十一點二公分，寬十四點八公分，每半葉八行，每行十八字，版心白口，四周雙邊，上黑魚尾，版心中端題「家禮集說」，下方記葉次，首卷首行題「家禮集說」，次行中端題「錫山馮善編集」，最下端小字兩行題「城陽陳藥訂正、吳興錢士完校刊」。此書先藏於臺北國立中央圖書館，據其《善本書志》記載是書為殘本，僅存昏禮部份，且殘缺不全，中間有通禮內容，疑為編湊而成。然另據中國國家圖書館《古籍善本書目》記載，此書尚有瀋陽故宮博物院藏明成化己亥（1479）刻本（臺北國立中央圖書館亦藏），是書高二十一點六公分，寬十二點七公分，四周雙邊，每半葉八行，每行十八字，內文有句讀，版心粗黑口，上單魚尾，版心中題「集說」，下方記葉次，首卷首行題「家禮集說」，次行中端題「錫山馮善編集」，卷首附「《文公家禮》序」、馮善序「宣德九年（1434）甲寅三月朔旦錫山後學馮善謹序」，《家禮集說》凡例，凡例後為牌記：「成化己亥□月吉日重刊」（亥下一字為黑框）。書中鈐有「靜齋日會」朱文方印、「魚雁」朱文方印、「吳興劉氏嘉業堂藏書印」朱文方印、「劉承幹字貞一號翰怡」白文方印、「國立中央圖書館考藏」朱文方印。另中國科學院圖書館尚藏有明吳勉學刻《家禮集說》本，是書卷末殘破，每半葉九行，每行十八字，四周雙邊，版心白口，上黑魚尾；北京國家圖書館藏明刻本《家禮集說》本，是書卷末殘破，每半葉九行，每行十八字，四周雙邊，白口，上黑魚尾；北京國家圖書館藏明刻本《家禮集說》，每半葉十二行，每行二十四字，無界格，版心黑口，四周雙邊，上黑魚尾。

　　馮善，字擇賢，為明永樂間舉人，無錫縣教諭，另撰有《錫山新志》。

　　全書不分卷，一本《家禮》條目，分通禮、冠禮、昏禮、喪禮四部份，并附圖錄。但又遵照明代國制，如喪禮，父母及嫡繼慈、養母皆斬衰三年。祭禮，四代共一祝板之類，則皆革去《家禮》舊說；附注部份儘從朱子晚年所行者為準；引諸書或當世俗禮如有異同牴牾者，則設釋義於條目之下。

　　喪禮部份收錄初終、復、立喪主、治棺、壽器、訃、沐浴、冠帶、不送死、飯含、卒襲、襲含哭位之圖、靈座、魂帛、畫像、衣冠妝飾、遺衣書、銘旌、不做佛事、親友入哭、小斂、陳小斂衣衾、絞、高氏襲斂禮、溫公襲斂禮、小斂圖、括髮、袒免、髽、設奠、大斂、絞、乃斂、輟哭臨視、設靈床、大斂圖、成服、朝夕哭奠、上食、朔奠薦新、弔、奠、賻、入酹、賓主弔見禮、孝帛、聞喪、治葬、擇地、古人葬不擇年月日時地、貧葬、客死他鄉、開塋域祠后土、穿壙、族葬圖、作灰隔、刻志石、造明器、苞、筲、大

舉、大舉制度、翣、作神主、遷柩、奉柩朝祖、乃代哭、方相、開路神、祖
奠、遣奠、輓歌、薤露歌、蒿里歌、鐸、發引、路祭、及墓、柩至、乃窆、
下棺輟哭臨視、北首、實灰沙、加蓋復釘之、藏明器、下誌石、題主、成墳、
墳前小碑、至家、反哭之弔、虞祭、三虞、卒哭、祔、小祥、大祥、禫、吉
祭諸條。

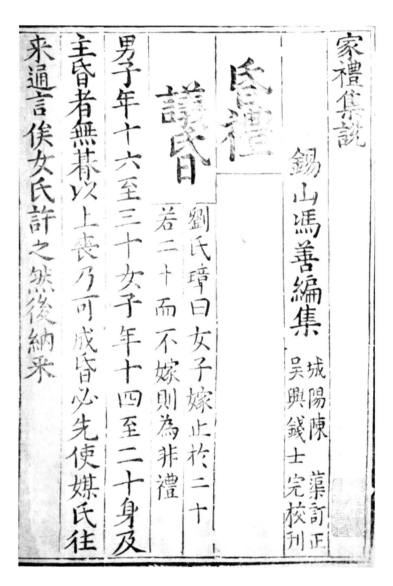

明吳勉學刻本《家禮集説》。

97、邱濬：《文公家禮儀節》

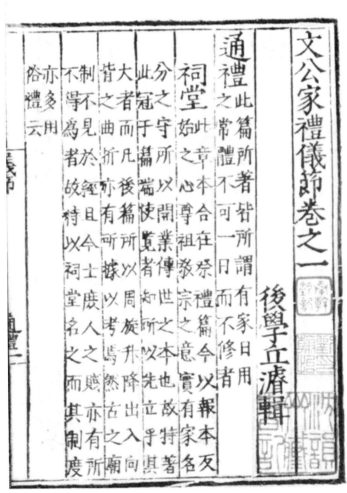

〔宋〕朱熹（1130～1200）撰，〔明〕邱濬（1418～1495）
《文公家禮儀節》，明弘治三年（1490）順德知縣吳
廷舉刊嘉靖己亥（1539）修補本。

　　全書共計八卷，裝成四冊，書中附圖錄。半葉框高十七點七公分，寬十二點九公分，四周雙邊，每半葉八行，每行十六字，注文小字雙行，版心白口，中上端題「儀節」、中下端題篇名并記葉次，首卷首行題「文公家禮儀節卷之一」，次行題「後學丘濬輯」，第三行題「通禮」，卷末有尾題，卷首附序：「明成化甲午（一四七四年）丘濬自序」，朱子《文公家禮》序，二序中間附錄引用書目、書末有三後序：「敕提督學校僉廣東提刑按察司事奉議大夫前給事中門人淮南韋斌序」、「弘治三年吳廷舉重刊家禮儀節後序」、「嘉靖元亥左承裕重修家禮儀節後序」。是書現藏於臺北國家圖書館善本書室，書中鈐有「國立中央圖書館考藏」、「吳興劉氏嘉業堂藏書印」、「承幹鈐記」、「劉氏翰怡」、「均齋考藏」、「沈韻齋藏書記」朱文方印。

文公家禮儀節卷之一

後學丘濬輯　楊廷筠訂　錢時刊

通禮

此篇所著皆所謂有家日用
之常體不可一日而不修者，

祠堂

始之心。尊祖敬宗之意。實有家名著
此章本合在祭禮篇。今以報本反
者知所以開業傳世之本也。故特著
此冠于篇端。使覽者知所以先立乎其
大者而凡後篇所以周旋升降出入向
背之曲折亦有所據以考焉然古之廟
制不見於經且今士庶人之賤亦有所
不得為者。故特以祠堂名之。而其制度
亦多用俗禮云。

台北國家圖書館藏明萬曆戊申（1608年）常州府推官錢時刊本
《文公家禮儀節》。

　　全書共計八卷，裝成四冊，書中附圖錄。半葉框高二十四點七公分，寬十七公分，四周單邊，每半葉八行，每行十六字，注文小字雙行。版心小黑口，中上端題「儀節」、中下端題篇名并記葉次，版心下記刻工姓名：文、云、胡皋、方、包、方仕、范、范倫、胡、毛、池、邵、經、蔣諸人。首卷首行題「文公家禮儀節卷之一」，次行題「後學丘濬輯　楊廷筠訂　錢時刊」，第三行題「通禮」，卷末有尾題，尾題後有「常州府儒學邵承范書」。卷首有六序：《朱子家禮》序、「丘濬成化十一年（1474）序」、「督撫應天等處都察院右副都御史周孔教撰」、「萬曆戊申至前七日南畿提學御史武林楊廷筠書於宛陵公署」、「賜進士第文林郎江西道監察御史奉敕督理浙直等處鹽政桐城方大鎮撰」、「萬曆戊申長至日常州府推官於越後學錢時謹撰」，次爲引用書目、次爲目錄，次「校成銜氏」十三人。是書現藏於臺北國家圖書館善本書室，書中鈐有「國立中央圖書館收藏」朱文長方印。

文公家禮儀節卷之一　　後學立濬輯

通禮

此篇所著皆在，所謂有家日用
之常體不可一日而不修者用

祠堂

此章本令祖在際宗之意，今以報本反
始之心尊祖敬宗之意，實有家名
分之守，所以開業傳世之本也，故立
此冠于篇端，使覽者知所以先立乎其
大者，而凡後篇所以周旋升降出入向
背之曲折，亦有所據以考焉，然古之廟
制不見於經，且今士庶人之賤，亦制有所
不得為者，故特以今祠堂名之，而其制度
俗亦禮多云用

台北國家圖書館藏，明正德戊寅（1518 年）
常州重刊本《文公家禮儀節》。

全書共計八卷，裝成十三冊。半葉框高十八點七公分，寬十六公分，四周雙邊，有界欄，半葉八行，每行十六字，注文小字雙行。版心小黑口，中上端題「儀節」、中下端題篇名并記葉次，版心下記刻工姓名：甫。首卷首行題「文公家禮儀節卷之一」，次行題「後學丘濬輯」，第三行題「通禮」，卷末有尾題，牌記「正德戊寅孟秋吉日直隸常州府重刊」。卷首附序：「明成化六年（1470）丘濬自序」、朱子《文公家禮》序，二序中間附錄引用書目、書中天頭處有墨筆批註。是書現藏於臺北國家圖書館善本書室，書中鈐有「國立中央圖書館收藏」朱文長方印、「道光氏」、「友年所見」、「采霞閣圖書記」白文方印、「海昌陳琰」、「拾遺補闕」朱文方印。

是書卷一爲「通禮」附圖式大宗小宗圖、祠堂三間之圖、祠堂一間之圖、祠堂時節陳設之圖、家眾徐立之圖、義門鄭氏祠堂位次圖、五世竝列之圖、祭四世之圖、神主尺式、神主全式、神主分式、座按、蓋式、藏主櫝式、深衣前圖、深衣後圖、深衣掩袷圖、新擬深衣圖、大帶、緇冠、幅巾、履圖、屈指量寸法圖、伸指量寸法圖、附論，卷二爲「冠禮」附冠圖長子冠圖、眾子冠圖、附論。卷三爲「昏禮」附昏圖醮婿圖、親迎圖、醮女圖、禮婦圖、附論。卷四爲「喪禮」附服圖襲含哭位之圖、靈座靈牀之圖、幎目巾、握手巾、魂帛圖、小斂圖、大斂圖、附論。卷五爲「葬禮」附喪圖衰裳冠絰絞帶圖、裁袥圖、兩袥相疊圖、裳制、衰衣圖 後式、冠制、絰帶圖 首絰式 腰絰式 絞帶式、本宗五服之圖、出嫁女爲本宗降服之圖、妻爲夫黨服圖、妾爲家長族服之圖、外族母黨妻黨服圖、三父八母服制之圖、附論。卷六爲「喪虞」祔喪圖大舉舊圖、大舉新圖、新制遠行舉圖、竹格式 新式、功布、翣、黻翣、雲翣、方相圖、香案圖、明器圖、食案圖、靈車圖、功布翣、送喪圖、發柩圖、布幃圖、附論。卷七爲「祭禮」正寢時祭之圖、每位設饌舊圖、兩位並設饌圖、附祭圖、附論。卷八爲「雜錄」附祭文、附論。

重刻丘文莊家禮儀節卷之一

通禮

祠堂

　此篇所著乃居家日用之常體，不可須臾離者，

　此章本合在祭禮篇，今以報本反始之心、尊祖敬宗之意，實有家名分之守，所以開業傳世之本也，故特著此，冠於篇端。使覽者知所以先立乎其大者，而凡後篇所以周旋升降出入之節，皆可推類以知之。然古之廟制，不見於經，且今士庶人之家亦有所不得為者，故特以祠堂名之，而其制度亦多用俗禮云。

君子將營宮室，先立祠堂於正寢之東。

　正寢郎廳堂也。凡屋之制，不問何向背，但以前為南、後為北、左為東、右為西，後做此。○凡祠堂所在之宅，子孫世守之，不得分析。○伊川先生曰：古者庶人祭於寢，士大夫祭於廟。庶人無廟，可立影堂者……

家禮儀節　通禮一卷

東洋文化研究所藏乾隆庚寅年重修《邱文莊家禮儀節》。

98、楊復、劉垓孫集注：《文公家禮》

〔宋〕楊復、劉垓孫（生卒年不詳）集注：《文公家禮》，
東洋文化研究所藏宋刊本。

　　全書原計十冊，東洋文化研究所藏殘二卷，共三冊。全本框高二十六點一公分，寬十五點四公分。版心白口，內向黑魚尾。版心中端題各卷名次，版心下端記葉次，象鼻下方記刻工姓名。左右雙邊，有界欄，半葉十四行，大字雙行，每行十四，注文小字單行，每行二十一字。內文中有句讀圈點與黑底白字。卷末有尾題，尾題為墨底白字。首卷首行題「文公家禮卷第一」，次行低四格題「門人楊復劉垓孫集注」、第三行頂格題「通禮第一」，第四行低一格題「祠堂」。是書為日本東洋文化研究所藏 3008 號善本，書中鈐有「東方文化學院東京研究所圖書之印」、「東洋文化研究所圖書」、「毛晉」、「毛晉之印」、「汲古閣」。

　　喪禮部份附注《高氏禮》、《司馬書儀》、《奔喪》、《喪大記》、《士喪禮》、《雜記》、《程子禮》、《胡泳禮》等論，以黑底白字標示。喪禮部份收錄的圖片有襲含哭位圖、小斂圖、大斂圖、本宗五服圖、妻為夫黨服圖、外族母黨妻黨服圖、喪服圖式〈裁辟領四寸圖、反摺辟領四寸為左右適圖、別用布橫長一尺六寸廣八寸塞闊中為領圖、反摺向前圖、裁袵圖、兩袵相疊圖、裳制、加領於衣前圖、加領於衣後圖、斬衰冠、齊衰冠、大功冠、小功冠、緦麻冠、斬衰首絰、齊衰首絰、斬衰腰絰、齊衰腰絰、斬衰腰帶、齊衰腰帶〉等圖。

　　東洋文化學院京都研究所另藏有明人湯鐸所輯之《文公家禮會通》。全書共計十卷，裝成四冊，版框高二十點一釐米，寬十三點一釐米。每半葉十行，每行二十一字，注文小字雙行，版心黑口，四周雙邊，上下雙黑魚尾紋，全本高二十八點一釐米，寬十五點五釐米。

　　文前為諸序：「南京國子監舊板朱熹序」、「國史經筵講官後學吉水周敘序」、「正統己巳八月仲秋日後學濟南陶元素書于萬竹山房」、「景泰辛未仲春初吉永嘉葉衡撰」、「歲癸酉賜宣德丁未進士出身奉政大夫南京刑部郎中吉水竹齋王佐謹序」；新刊家禮會通疏；會通凡例；一引經傳；一引用先儒姓氏；目錄；卷十末有牌記:「景泰元年歲次庚午孟春之閏金陵湯氏執中堂刊行」；跋：「景泰元年春三月既望南京武學教授錢唐陳信秋鴻書」。

　　卷一為通禮；卷二為冠禮；卷三為昏禮；卷四至卷八為喪禮；卷九至卷十為祭禮。喪禮部份收錄條目為：初終、復、立喪主、護喪、易服不食、治棺、訃告、沐浴、襲、奠、襲含為位圖、飯含、靈座、魂帛、銘旌、不作佛事、親友入哭、小斂、設奠、具括髮麻免布髽麻、哭擗、袒括髮免髽于別室、大斂、主人以下各歸喪次、大斂成服祝文、成服、喪服總圖、本宗九族五服

正服圖、妾服圖、出嫁女爲本宗降服圖、外親服圖、三父八母圖、喪服制度、大小功緦麻冠服制度圖、冠経杖履圖、御制孝慈錄五服敘服、殤服、居喪遭喪、朝夕哭奠、吊奠賻、致賻奠狀式、通名單式、入吊儀、賓有故遣使吊、慰人父母亡狀、慰人祖父母、亡狀、聞喪、易服、奔喪、未得行權爲位哭。

　　葬禮部份擇葬地、族葬圖、禮經葬制、國民族葬圖、族葬說、開塋告后土、穿壙、作灰隔、刻誌石、造明器、下帳、苞、筲、大舉圖、翣圖、作木主、遷柩、朝祖、遷於廳、代哭、親賓奠祭、文武官卒、朝廷賜祭圖、陳器、祖奠、發引、及墓圖、題神主、成墳、立石碑、反哭、虞祭、沐浴、陳器具饌、埋魂帛、罷朝夕奠、遇柔日再虞、遇剛日三虞、卒哭、祔、入哭、請舊主、請新主、主人答慰書、居喪雜儀、通論、小祥、陳器具饌、始練服、易服、止朝夕哭、大祥、告遷於祠堂、遷主、斷杖棄屏處、始飲酒食肉而復寢、祀先圖、雜儀、齋戒、設位具饌、正寢時祭圖、每位設饌圖、祠堂時祭圖、省牲、具饌、請主、參神、降神、讀祝、三獻、侑食、受胙、辭神、納主、徹、餕、春祭、夏祭、秋祭、冬祭、祭初祖、祭禰、生忌、墓祭、墓祭論、祀后土。

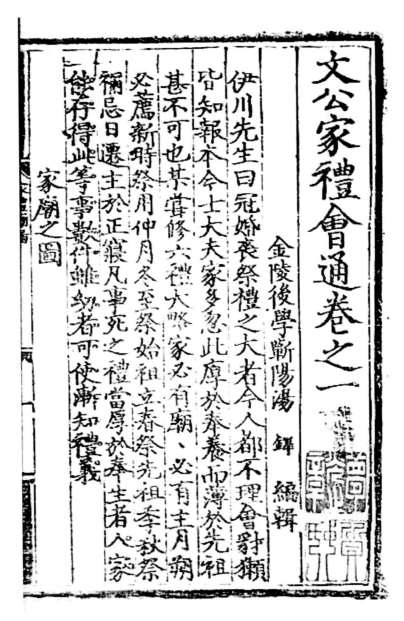

東洋文化學院藏，湯鐸輯景泰元年（1450）
金陵湯氏藝中堂刊本《文公家禮會通》。

99、彭天相：《喪禮撮要》

信者亦章於俗而不自法皆抹於禮之故也至於開

堂設奠裂帛弔疑賓將俗相沿以為榮耀甚且唱孝歌

演孝戲醉舞喪場賭博喪次此尤乱禮者親之甚者

爰校定古今喪禮自初終以至祥禫諸儀擇其要節

其繁斟酌的臆度景成鈔本俾鄉里之遺喪者及早同

頭恪遵承禮毋徒誤入釋道迷迷亦足以振賴風而

挽末俗也

附居喪遭喪

凡重喪未除而遭輕喪則制其服而哭之月朔變服

服其服哭既畢仍衣重服若除重服而輕服不除□

〔清〕彭天相（1893～1943）：《喪禮撮要》，光緒三十四年稿本。

　　不分卷，一冊。每半葉十行，每行二十字，注文小字雙行，朱絲界格，卷首行題「喪禮撮要」、次行題「送重喪法、論落枕亡」、第三行題「初終」。

　　是書收錄初終、書遺言、三復、訃告於親族、聞喪奔喪、設屍牀、沐浴、小斂法、襲奠、飯含、立喪主、家祭所需職事、大斂法、告闔棺、結魂帛、招魂、置靈座、置銘旌、諡法、制杖、成服、五服制度、朝夕奠、停葬、新喪生日、告啓期、作神主、置功布、置雲翣、開塋域祀土神、就成遷中堂、賑孤科條、朝祖、遣奠、發引、題主、告主、起棺、路奠、下棺、反哭、虞祭、卒哭、小祥、大祥、告祔、昭穆制度、宗廟祠堂之制、禫祭、春秋二祭、撮要論。居家雜儀後全缺，書中「補儀節內稽顙二字辨」有殘缺。是書另收有新喪生日文、本生生辰文、開塋域祀土神文、祭廟王土地儀節、祭大舉儀節、祭路文、祭司命文、祭門戶文、遷柩就舉儀節、起棺文、路奠文、皇清墓誌銘式、告祔文、新主入祠祔祭合祀、祔祭列祖神主文、祔祭新主祝文、除靈安主致祭、春秋二祭祝文等儀節與祝文式。

　　是書論述精詳、獨成一家，取古禮折中之意，求於心有安之本。如「按大祥之後，主即入祠，本屬至理，然今俗不以主入祠者，人人皆然。茲酌於大祥後除靈設祭，安主入家，亦不得已而爲此也。」、「《記》云：殷練而祔，孔子善殷，以不急於死其親。程子曰：『喪須三年而祔』，茲酌祔主定於大祥之禮後行之，庶得孔程之意矣。」、「近俗於題主後即行安主，則不以靈車載主至墓所，故反哭禮多不行耳。若主載至山地，此禮定宜遵行，必待反哭後乃行虞祭。」

　　作者彭天相，爲筆者曾祖父，清光緒國子監生，奉政大夫。是書爲其《四禮撮要》遺稿之喪禮部份。筆者參酌明清喪禮著述爲其點校箋釋而成《〈喪禮撮要〉箋釋》，臺北秀威出版社近版。

100、張彙：《家祭禮儀》

餽彙與先子棠官遊不同地各循俗礼於俗莫發亨獻而
已歲戊申彙歸鄉里於所居遄置奉設 先考於上四
代神位並以妥 先母錢以人神主思 先命之不可隆而
志意哭語之在心耳也勉審定礼儀以左彙非宗子抑知
僭越之意所遊適然宗儒曾有兄弟分居遠地許支子設
位發享之說是点法古通今之一端也余鄰未必有當於
先子之意聊以傳示我後人云 雍正戊申嘉平雲陵三日書

家祭禮儀

祭發 時祭 日用卜

凡祭期四仲時祭冬至祭始祖立春祭先祖重陽祭祢於祠義

〔清〕張彙（生卒年不詳）：
《家祭禮儀》，臺北國家圖書館善本書室藏清康熙間手鈔本。